Gioconda Belli

Ich bin Sehnsucht – verkleidet als Frau

Gedichte
spanisch/deutsch

Aus dem nicaraguanischen Spanisch
von
Angelica Ammar und Dagmar Ploetz

W0176553

Deutscher Taschenbuch Verlag

Ausführliche Informationen über
unsere Autoren und Bücher
finden Sie auf unserer Website
www.dtv.de

2012 Deutscher Taschenbuch Verlag GmbH & Co. KG, München
© Gioconda Belli
Titel der spanischsprachigen Originalausgabe: ›Mi íntima multitud‹
(Editorial Visor, Madrid 2003)
Für die deutschsprachige Ausgabe:
© Peter Hammer Verlag GmbH, Wuppertal
Umschlagkonzept: Balk & Brumshagen
Umschlaggestaltung: Lisa Helm unter Verwendung des Bildes
›Stilleben mit Wassermelonen‹ (1953) von Frida Kahlo
(Artothek/VG Bild-Kunst, Bonn 2012)
Satz: Greiner & Reichel, Köln
Druck und Bindung: Druckerei C.H. Beck, Nördlingen
Gedruckt auf säurefreiem, chlorfrei gebleichtem Papier
Printed in Germany · ISBN 978-3-423-14142-0

A Carlos Fernando, Desireé, Sofía, Silvio,
Nelba, Salva, Malena, Sergio y Marisa
que me han dado el país de su amistad.

Für Carlos, Fernando, Desireé, Sofía, Silvio,
Nelba, Salva, Malena, Sergio und Marisa,
die mir das Land ihrer Freundschaft geschenkt haben.

Permanencia de los jardines

a Carlos

En el enrevesado espeso matorral de mis floraciones
has laborado embriagado de almizcles.
No hay almácigo desperdiciado en este amor
donde a diario te desafío
a que encuentres el brote más reciente.
Nunca dije que sería un jardín de senderos bien
delineados.
Me constituí como un jardín tropical y húmedo
con especies imposibles de clasificar
pues siempre quise poner a prueba tus intenciones
                                        de jardinero
domador de plantas y exterminador de plagas.
Te he asaltado por los cuatro costados con enredaderas
                                        tumultuosas
y huelenoches de belleza mortífera.
Y he abierto hojas como alas de sueños selváticos
                        en los árboles plácidos
que sembraste alrededor de la casa.
En tu alcoba de macho cabrío introduje violetas africanas
y rodeé de jazmines indios los bordes de tus
                                infranqueables ventanas
− esas que ahora el perfume traspasa con ruido de
                                vidrios rotos.
¡Qué bien has soportado, mi amante, amadísimo,
                        cuanta prueba te puse!
Dócil jamás, crezco ahora sin embargo sobre el techo
                        de la casa
y abrazo esta dulce, fogosa extensión que habitamos.
La defiendo con cercos de espinas.
Instalo surtidores
para que no la marchite
ni la más cruel de las estaciones.

Bleibende Gärten

für Carlos

Das dicht verschlungene Gebüsch meiner Blüten
hast du bestellt, von Moschus trunken.
Kein Beet liegt brach in dieser Liebe,
in der ich dich täglich herausfordere,
die frischeste Knospe zu finden.
Ich habe nie behauptet, ein Garten mit fest umrissenen
                                        Wegen zu werden.
Wie ein tropisch feuchter Garten bin ich angelegt
mit nicht zu klassifizierenden Arten,
denn stets wollte ich deine gärtnerischen Absichten
                                        auf die Probe stellen,
wie du Gewächse bändigst und Unkraut ausrottest.
Von vier Flanken habe ich dich mit stürmischen
                                        Kletterpflanzen überfallen
und mit nachtduftenden Orchideen von tödlicher Schönheit.
Und wie Flügel aus Urwaldträumen habe ich Blätter geöffnet in
den friedlichen Bäumen, die du um das Haus herum gesetzt hast.
In deine Ziegenbockgemächer habe ich afrikanische
                                        Veilchen gebracht
und mit indianischem Jasmin deine uneinnehmbaren
                                        Fenster umrahmt
– durch die der Duft nun dringt mit dem Klang
                                        zerspringenden Glases.
Wie gut hast du, mein Geliebter, mein Herzallerliebster, all
                                        meine Prüfungen bestanden!
Niemals gefügig, wachse ich dennoch jetzt auf dem Dach
                                        des Hauses
und umarme diese süße, feurige Ausdehnung, die wir bewohnen.
Verteidige sie mit Dornenhecken.
Versehe sie mit Fontänen.
Damit auch die grausamste Jahreszeit
sie nicht verdorren lässt.

Luciérnagas

A las cinco de la tarde
cuando el resplandor se queda sin brillo
y el jardín se sumerge en el último hervor dorado del día
oigo el grupo bullicioso de niños
que salen a cazar luciérnagas.

Corriendo sobre el pasto
se dispersan entre los arbustos,
gritan su excitación, palpan su deslumbre.
Se arma un círculo alrededor de la pequeña
que muestra la encendida cuenca de sus manos
titilando.

Antiguo oficio humano
este de querer atrapar la luz.

¿Te acordás de la última vez que creímos poder iluminar
la noche?

El tiempo nos ha vaciado de fulgor.
Pero la oscuridad
sigue poblada de luciérnagas.

Glühwürmchen

Um fünf Uhr nachmittags,
wenn das Licht an Glanz verliert
und der Garten ins letzte goldene Aufschäumen des Tages taucht,
höre ich die Kinder lärmend ausschwärmen
zur Jagd auf Glühwürmchen.

Sie laufen über den Rasen,
verteilen sich zwischen den Büschen,
schreien ihre Aufregung, tasten ihr Entzücken,
ein Kreis bildet sich um die Kleine,
um die leuchtende Quelle ihrer Hände,
sie funkelt.

Ein altes menschliches Handwerk,
das Licht fangen zu wollen.

Erinnerst du dich an das letzte Mal, da wir glaubten, die Nacht
                              erhellen zu können?

Mit der Zeit ist uns das Leuchten vergangen.
Die Dunkelheit aber
ist weiterhin von Glühwürmchen bewohnt.

»Infierno de Cielo«*

Velas. Luces.
Fuegos fatuos sobre la mesa de noche.
No el cirio pascual.
Sino el fuego pagano de los ritos druidas.
Adoremos al cuerpo,
santuario inequívoco del verbo y del ser.
Ojos dorados parpadean
en el brillo bruñido del espejo
donde sos mi torre de marfil.

En la redoma pongo el aceite aromático.
Un olor a jazmines almizcle incienso catedralicio
impregna el viento las ventanas de la nariz.
Allá lejos tu cabeza. Tu brazo delineado.
La textura de anchas nervaduras. El anverso extenso
                                                    del pie.
Pies de centauro. Feos tus pies, excitantes. Como los cascos
del unicornio removiendo arbustos con su cuerno
                                        de infinitas espirales.

No hay equilibrio más exacto que éste
de un hombre y una mujer retornados a la arcilla
                                            primigenia.
Saltan los omoplatos; los fémures se hacen trizas.
La rigidez del esqueleto se abandona a la carne trémula.
La luz de las velas estrella en el espejo visiones míticas.
Medusas. Cíclopes. Saturnos saciados.

No sé dónde tus manos
en este laberinto de monstruos magníficos devorándose.
¿Quién sos criatura desencajada que así me despojás
de mi decencia de sacerdotisa?
Tu piel es fluida y candente.

»Hölle des Himmels«*

Kerzen. Flackern.
Irrlichter auf dem Nachttisch.
Nicht die Osterkerze.
Sondern die heidnischen Lichter der Druidenriten.
Lasst uns den Körper anbeten,
untrüglicher Altar des Wortes und des Seins.
Goldene Augen blinzeln
in des Spiegels glattem Schein,
in dem du mein Elfenbeinturm bist.

In die Schale träufle ich die ätherischen Öle.
Ein Duft nach Jasmin Moschus Weihrauch kathedralenhaft
durchdringt den Wind die Nasenflügel.
Dort fern dein Kopf. Der Umriss deines Arms.
Die Zeichnung starker Aderbahnen. Der breite Fußrücken.
Zentaurenfüße. Hässlich sind deine Füße, aufregend. Wie die
Hufe des Einhorns, das in Büschen stöbert mit seinem in
                    unendlicher Spirale gewundenen Horn.

Es gibt kein stimmigeres Gleichgewicht als dieses
eines Mannes und einer Frau, in den ursprünglichen Ton
                    zurückgekehrt.
Schulterblätter springen hervor; Schenkelknochen zersplittern.
Das starre Skelett gibt dem bebenden Fleisch nach.
Das Kerzenlicht schimmert mythische Visionen in den Spiegel.
Medusen. Zyklopen. Gesättigte Saturne.

Ich weiß nicht, wo deine Hände sind,
in diesem Labyrinth aus herrlichen, sich verschlingenden
                    Ungeheuern.
Wer bist du, ausgerastetes Wesen, dass du mich, Priesterin,
dergestalt meiner Züchtigkeit beraubst?
Deine Haut ist flüssig, heiße Glut.

La cera se derrite en los recipientes de cristal.
Chasquea tu boca sobre la mía.
¿O es la llama que chisporrotea?
El fuego encuentra su propio incendio.
Sobre el aceite de la noche
velámenes ardientes lamen el lago quieto
del espejo incandescente.

Allá mi pie.
Las uñas rojas. La imposible extensión de una pierna
íngrima.
El paisaje blanco. Las pieles sumergidas en lavas ígneas
resollando borboteando vaporizándose. El fuego
viene y va con el sonido del mar sobre los arrecifes.

Sobre los cuerpos consumidos, carbonizados.
Se apagan las velas una a una.

Me sacudo el cabello. Me levanto, ave Fénix, de las cenizas.
Soy un infierno de cielo.

Tomado de un poema de Carlos Martínez Rivas.

Das Wachs schmilzt in Gefäße aus Kristall.
Dein Mund prasselt auf meinem.
Oder ist es die Flamme, die knistert?
Das Feuer begegnet seinem eigenen Brand.
Auf dem Öl der Nacht
leckt brennendes Segelwerk den ruhigen See
im hell glühenden Spiegel.

Dort mein Fuß.
Die roten Nägel. Die unvorstellbare Ausdehnung eines
                                            losgelösten Beins.
Die weiße Landschaft. Die Haut getaucht in glühende Lava
keuchend Blasen schlagend verdampfend. Das Feuer
kommt und geht mit dem Rauschen des Meers an den Klippen.

Auf den ausgekosteten, verkohlten Körpern.
Verlöschen die Kerzen nach und nach.

Ich schüttele mein Haar. Stehe auf, Phönix aus der Asche.
Ich bin eine Hölle des Himmels.

Einem Gedicht von Carlos Martínez Rivas entnommen.

Oda a un país Güegüense

Este país me somete a su pasión, a su locura,
a la droga de tardes incendiarias
donde volcanes caminan horizontes abajo
sin que nadie los detenga.

Este país me pone sus pies fríos sobre el pecho
su rostro de máscara ilegible extendido como burla.
Me obliga a implorarle al viento que me explique
                          la voracidad de este engaño.
El rasguño, el rapto, el olor a podrido que
                          se escapa a veces de sus flores
más esplendorosas.

Este país sabe que no quiero ver su vientre adolorido,
sus vísceras laceradas, las cicatrices de múltiples
                                                  heridas
la huella de punzantes dardos, de puñales enterrados.

Este país me hace odiar que mis sentidos no
                                        discriminen
y borren las visiones oscuras antes de que
                                        me toquen:
Espaldas apaleadas que gimen como bocas,
rostros maltrechos desalojados por la esperanza.

Este país suda sus mediodías luminosos
para que yo crea en la torva perversidad
                                        de su belleza.
Para que no levante el sudario resplandeciente
                                        de sus paisajes
y vea a la muerte traficando huesos bajo mis narices.

Ode an das Land des Güegüense

Dieses Land unterwirft mich seiner Leidenschaft,
                              seinem Wahnsinn,
der Droge abendlicher Brandstiftung,
wenn Vulkane Horizont abwärts wandern,
ohne dass jemand sie aufhält.

Dieses Land stellt mir seine kalten Füße auf die Brust,
sein Antlitz, eine unlesbare Maske, wie zum Hohn vor mir
                              ausgebreitet,
zwingt mich, den Wind anzubetteln, er möge mir die
                    gefräßige Täuschung erklären,
die Kratzwunde, die Verzückung, den Geruch von Fäulnis,
                              der den prächtigsten Blumen
zuweilen entweicht.

Dieses Land weiß, ich will seinen wehen Leib nicht sehen,
seine gequetschten Eingeweide, die Narben vielfacher
                              Wunden,
die Spur spitzer Speere, begrabener Dolche.

Dieses Land weckt in mir Hass auf meine Sinne,
                    die dunkle Visionen
nicht aussondern und löschen, bevor sie mich einholen:
Zerschlagene Rücken, die gleich Mündern klagen,
misshandelte Gesichter, hoffnungsleer.

Dieses Land schwitzt leuchtende Mittage aus.
Ich soll an seine perverse, schreckliche Schönheit glauben,
nicht das glänzende Schweißtuch seiner Landschaften lüften
und vor meiner Nase den Tod mit Knochen schachern sehen.

Embadurnada de lágrimas me tiene este país.

Sale la luna alfanje a descabezar luciérnagas.
Los grillos cantan notas de sopranos imposibles.
Los vientos alisios revientan olas invisibles
                                    en mi balcón.

Pero ya no hay belleza que me engañe,
ni arrullo que me haga dormir.

Tränenverschmiert belässt mich dieses Land.

Die Mondsichel macht sich auf, Glühwürmchen zu köpfen.
Die Grillen singen Noten, unmögliche Soprane.
Passatwinde lassen unsichtbare Wellen an meinem Balkon
brechen.

Jedoch, es gibt keine Schönheit, die mich noch täuschen könnte,
und kein Wiegenlied, das mich schlafen ließe.

Oscuridades del amor

Digo que nuestro amor
ha sido como un crucero de lujo
surcando acerados Atlánticos.
Hemos recorrido sus cubiertas
y visto desde allí puestas de sol inolvidables
sobre bahías donde casas ocres y naranjas
absorbían la luz como cajas encantadas.

Como joven pareja enamorada
nos hemos deslizado por las pistas de baile
en las fiestas de gala.
Hemos cenado en la mesa del capitán
y tu has mantenido la conversación amena,
has hecho reír a los comensales
mientras yo, en un silencio adorable, celebraba tus bromas
y reía sin cesar escuchando una y otra vez
las anécdotas, los mitos familiares.
En la suite matrimonial
hemos hecho el amor
como rito de confirmación de nuestra felicidad.

Las historias de nuestra travesía
han sido la envidia de las amistades menos afortunadas.
Hemos construido, con destreza de arañas la tela
                              de la leyenda
que ahora habitamos.

Esa misma iridiscente felicidad
que, en noches como ésta en que te desquiero,
sueña con mares oscuros
y témpanos.

Dunkelheiten der Liebe

Ich sage, unsere Liebe
war wie ein Kreuzschiff,
das luxuriös den stählernen Atlantik pflügt.
Wir sind über die Decks promeniert,
haben von dort unvergessliche Sonnenuntergänge
über Buchten betrachtet, wo Häuser in Ocker und Orange
das Licht wie Zauberschachteln schluckten.

Ein verliebtes junges Paar
sind wir in Ballnächten
über die Tanzfläche geglitten.
Wir haben am Tisch des Kapitäns gespeist
und du hast für angenehme Unterhaltung gesorgt,
hast die Tischrunde zum Lachen gebracht,
während ich ganz reizend schwieg und deine Scherze feierte,
unermüdlich lachte, dieweil ich ein ums andere Mal
den Anekdoten, den Familienmythen lauschte.
In der Suite
haben wir uns geliebt,
gleichsam ein Ritus zur Bestätigung unseres Glücks.

Die Geschichten von unserer Kreuzfahrt
erfüllten weniger begünstigte Freunde mit Neid.
Mit dem Geschick von Spinnen haben wir den Stoff
                              der Legende gewirkt,
die wir jetzt bewohnen.

Eben jenes schillernde Glück,
das in Nächten wie dieser, wenn ich dich weniger liebe,
von dunklen Meeren träumt
und Eisbergen.

La Escritora de cara al Milenio

Arrastrando largas túnicas
sucias con el polvo de las cosas pasadas,
mil años se alejan.

Mil años más – blanco rebaño de ovejas impredecibles –
vienen balando sus interrogantes.
Preguntan si intuyo los signos
que alumbrarán su existencia;
si puedo adivinar la huella leve que dejará mi voz en la colina
donde se arremolinan los augurios,
los ecos que permanecerán en el ancho granero
                                              donde se guarda
el viento cuando calla.

A menudo me embosca la tristeza de imaginar un mundo árido.
La viva voz cediendo ante la cacofonía de digitales
impulsos eléctricos.
No puedo evadir la pregunta de si la mirada conservará
                                              su oficio
de ver la lluvia destiñendo la tarde sobre las paredes,
deslavándola en rosa y amarillo.
Me aterra la idea del ojo sin más paisaje que el cuadro de luz de
una pantalla omnipresente.

Temo que las ovejas de este rebaño de años que se acerca
traigan en sus pequeños cuerpos rollizos
la escabrosa posibilidad de transmutarse en aluminio,
acero inoxidable.
Imagino mi horror de pastora apacible
cuando descubra la llave de metal, la cuerda,
el sonido de engranajes sustituyendo el aleteo rítmico del
corazón.

Die Schriftstellerin im Angesicht des Jahrtausends

Lange Tuniken nachschleifend
schmutzig vom Staub der vergangenen Dinge,
entfernen sich tausend Jahre.

Tausend weitere Jahre – weiße Herde unvorhersehbarer Schafe –
kommen und blöken ihre Fragezeichen.
Fragen mich, ob ich die Zeichen erahne,
die ihre Existenz erleuchten werden;
ob ich die feine Spur erraten kann, die meine Stimme auf dem
Hügel, wo die Vorzeichen in Wirbeln wehen, hinterlassen wird,
die Echos, die in der großen Scheune hallen werden, wo sich der
Wind versteckt, wenn er verstummt.

Oft befällt mich die Traurigkeit, mir eine öde Welt auszumalen.
Wo die lebendige Stimme der Kakophonie digitaler
elektrischer Impulse weicht.
Nicht verdrängen kann ich die Frage, ob der Blick seine
Aufgabe
behalten wird, zu sehen, wie der Regen den Nachmittag an den
Wänden bleicht, ihn rosa und gelb verwäscht.
Mich erschreckt die Vorstellung eines Auges, dessen
einzige Landschaft das Lichtquadrat eines allgegenwärtigen
Bildschirms ist.

Ich fürchte, dass die Schafe dieser sich nähernden
Herde aus Jahren
in ihren kleinen rundlichen Körpern die heikle Fähigkeit tragen,
zu Aluminium, rostfreiem Stahl zu mutieren.
Ich stelle mir vor, welch Schrecken mich friedliche Schäferin
ergriffe, entdeckte ich den Metallschlüssel, die Feder,
das Geräusch von Zahnrädern, das rhythmisches
Herzklopfen ersetzt.

Me aterra la idea de años sin alma;
años en que el tiempo sea más importante
que el hombre y la mujer dentro del tiempo.
Sufro ante la posibilidad de que caiga el olvido
sobre la calidez sencilla
de las pequeñas felicidades cotidianas.

Que se pierda en el deslumbre de la máquina
la insuperable dulzura de la piel,
el mínimo y perfecto cosmos
transmitiendo sin más programa que el de la sangre
                                       en las venas,
el universo del amor, la furia,
la soledad buscando quien la libere del silencio.

Pero
¿cómo evitar la seducción de la electricidad,
                                la superconductividad,
las infinitas circunvalaciones de un microprocesador?
Me tienta el zumbido erótico del espacio cibernético.
La promesa de expansión, el plausible don de la ubicuidad,
la naciente orgía del conocimiento, el laberinto de infinitas
ramificaciones donde otras mentes se interconecten con la mía.
Combinarme, compartirme, ser pura energía, calentar con mi
pasión de animal de pelos largos el frío metal de circuitos
intrincados.
Ponerle música de cumbia o merengue, movimientos de
                              caderas a los *bytes* –
mordiscos minúsculos en los que viaja la palabra.
Abrir dentro del espacio virtual puertas insospechadas por
donde se cuele la esperanza. Por donde penetren los ruidos del
hombre y la mujer martillando el yunque del mundo.
Impulsos eléctricos por donde viaje la alegre promesa
                                    de un cielo
en la tierra.

Mich erschreckt die Vorstellung von Jahren ohne Seele;
Jahren, in denen die Zeit womöglich wichtiger wird
als der Mann und die Frau in der Zeit.
Mich beklemmt die Möglichkeit, dass das Vergessen
über die einfache Wärme
kleinen alltäglichen Glücks sich legt.

Dass im Glanz der Maschine
die unvergleichliche Weichheit der Haut sich verliert,
der winzige perfekte Kosmos,
der, einzig programmiert durch das Blut in den Adern,
das Universum der Liebe, der Wut übermittelt,
die Einsamkeit auf der Suche nach dem, der sie vom
Schweigen befreit.

Doch
wie der Verführung von Elektrizität und Supraleitfähigkeit
entgehen, den unendlichen Kreisbahnen eines Mikroprozessors?
Mich lockt das erotische Summen des kybernetischen Raums.
Das Versprechen von Expansion, die plausible Gabe der
Allgegenwärtigkeit, die einsetzende Orgie des Wissens, das
Labyrinth endloserVerzweigungen, wo andere Gehirne sich mit
meinem kurzschließen.
Mich kombinieren, mich teilen, reine Energie sein, mit meiner
Leidenschaft eines langhaarigen Tiers das kalte Metall der
verwickelten Stromkreise wärmen.
Mit Cumbia- oder Merenguemusik, mit Hüftschwüngen
                                              die *Bytes*
unterlegen – winzige Bissen, in denen die Worte reisen.
Im virtuellen Raum unverhoffte Türen öffnen, durch die
Hoffnung streicht. Durch welche die Geräusche des Mannes
                                              und der Frau
dringen, die auf den Amboss der Welt hämmern.
Elektrische Impulse, in denen das fröhliche Versprechen eines
Himmels auf Erden reist.

¿Cambiará mi oficio ese cuadrilátero celeste que brilla

                                 sobre mi

mesa de trabajo?

¿O será a mí a quien corresponda inspirar rebeliones

                          cuando mis palabras

agiten alas en habitaciones distantes y el ordenador

                                huela a canela

y transmita lirios, mientras baten a rebato los cursores

como pequeños ecos del corazón?

¿Seré cibernauta en una era de exploraciones

donde se develen los territorios amplios de la conciencia,

las infinitas combinaciones de lóbulos y parietales

interactuando?

¿Asistiré a la danza impredecible de millones de mentes

reflejándose entre sí, expandiéndose y volviéndose a reflejar?

                        ¿Una infinita cantidad

de neuronas estimulando, acariciándose,

                            haciéndose el amor?

Comunidades convocadas con el leve pulsar de una tecla

cohabitando en el espacio común de una misma inteligencia.

Los barcos en la niebla del ciberespacio sonando sirenas

de navegantes.

La sigilosa desaparición de cercos y alambradas.

La palabra como principio vital. ¿Los números su alimento

primigenio?

¿No será acaso nuestro sino el de implantar la armonía

en esas regiones trasparentes abandonadas a la casualidad

o a la sagacidad de adelantados mercaderes?

¿Ganarle terreno al cinismo y la ironía que niega al Verbo

                             su carnalidad,

su olor a magnolias; que intenta separar el heliotropo

Wird dieses himmlische Viereck, das auf meinem Schreibtisch
glänzt, meinen Beruf verändern?
Oder wird es an mir sein, Rebellionen zu schüren, wenn meine
Worte Flügel in fernen Räumen aufschwingen und der Computer
nach Zimt riecht und Lilien weiterträgt, während die Cursor
heftig
klopfen wie kleine Echos des Herzens?

Werde ich ein Kybernaut sein in einer Ära von Erforschungen,
in der die weiten Gebiete des Bewusstseins sich enthüllen,
die unendlichen Kombinationen aufeinander wirkender
Parietallappen?
Werde ich teilhaben an dem unvoraussagbaren Tanz von
Millionen
untereinander sich spiegelnder, ausdehnender und wieder
spiegelnder
Gehirne – zahllose Neuronen, die sich gegenseitig stimulieren,
streicheln, den Liebesakt vollziehen?

Gemeinschaften, versammelt durch einen leichten Tastendruck,
die im gemeinsamen Raum eines einzigen Geistes
zusammenleben.
Schiffe, die im Dunst des kybernetischen Alls ihre Nebelhörner
ertönen lassen.
Zäune und Stacheldrähte, die geheimnisvoll verschwinden.

Das Wort als Quelle des Lebens. Die Ziffern sein ursprünglichster
Nährstoff?

Ist es nicht vielleicht an uns, Harmonie zu schaffen
in diesen transparenten, dem Zufall oder dem Scharfsinn
vorausschauender Händler überlassenen Regionen?
Dem Zynismus und der Ironie Boden abzugewinnen, die dem
Wort seine Fleischlichkeit, seinen Magnolienduft absprechen;
die versuchen, das Heliotrop von seinem überwältigenden

de su sobrecogedora fragancia nocturna?
¿No estaremos llamados a afirmar la redondez del cuerpo
o la manzana
en un mundo de fisonomías esquivas, de rostros
                                        intercambiables
de culturas que amenazan con perder sus bordes, derretirse,
                                        terminar al fondo
del perol oxidadas o convertidas en hollín?

La curva de mi imaginación vislumbra prados
donde corrientes eléctricas evoquen en mi piel
el placer de una inteligencia multitudinaria
acoplada a las terminales y puertos de mi cuerpo.

Eva irredenta no vacilo en arrancarle al oscuro árbol
del conocimiento
esta nueva manzana lustrosa e impredecible.
Para morderla. Para dejar que me corra su jugo entre
                                        los dientes.
Y entregarme a la »kibernitis«
ese suave bamboleo del remero corrigiendo el rumbo,
de donde nos viene »cibernética«
la máquina moviéndose entre el uno o el cero.
Aspiro el zumo híbrido de la fruta prohibida
que se ofrece a la ávida ciudad de mi intelecto.
Me deleito en el placer digital,
en el tacto que palpa y descifra
el ritmo de un orgasmo matemático.

Navegando por los vastos espacios interconectados
afirmaré sobre el teclado la nostalgia por las quimeras
y la irrenunciable permanencia de los gozos esenciales:
el rosa oscuro de los cuerpos. Su fusión nuclear gestando
el Universo.

nächtlichen Duft zu trennen?
Werden wir nicht dazu aufgerufen sein, die Rundungen des
Körpers oder des Apfels zu sagen, in einer Welt flüchtiger
Physiognomien, vertauschbarer Gesichter, gefährdeter Kulturen,
die drohen, ihre Umrisse zu verlieren, zu zerschmelzen,
um als Rost auf dem Boden eines Kessels oder als Ruß zu enden?

Dem Bogen meiner Vorstellung erscheinen Auen,
wo elektrische Ströme auf meiner Haut
die Lust eines vielköpfigen Geistes hervorrufen,
der an die Terminals und Schnittstellen meines Körpers
gekoppelt ist.

Als irredentistische Eva zögere ich nicht, am dunklen Baum
des Wissens
diesen neuen glänzenden, unvorhersehbaren Apfel zu pflücken.
Um in ihn hineinzubeißen. Seinen Saft über meine Zähne laufen
zu lassen.
Und mich der »Kyberwonne« hinzugeben,
diesem sanften Schaukeln des Ruderboots, das den Kurs korrigiert,
der uns die »Kybernetik« brachte,
die sich zwischen Eins und Null bewegende Maschine.
Ich schlürfe den hybriden Nektar der verbotenen Frucht,
die sich der begierigen Stätte meines Geistes darbietet.
Ich vergnüge mich in dieser digitalen Lust,
ertaste und entschlüssle
den Rhythmus eines mathematischen Orgasmus.

Durch weit vernetzte Räume reisend
werde ich auf der Tastatur meine Nostalgie nach den Chimären
kundtun und unverzichtbar
das Festhalten an den wichtigsten Freuden nennen:
das dunkle Rosa der Körper. Ihre Nuklearfusion, die das
Universum schafft.

La eternidad de los columpios en los parques.
La urgencia de llorar ante el dolor ajeno.

Así daré testimonio de la raíz.
Me alzaré hacia nuevos Universos
llevando en los labios el sabor áspero de la Tierra
madre nuestra en medio de los electrones,
única placenta insustituible.

Die Ewigkeit der Schaukeln im Park.
Die Notwendigkeit, im Angesicht fremden Schmerzes zu weinen.

So werde ich Zeugnis geben von der Wurzel.
Werde mich zu neuen Universen erheben,
den herben Geschmack der Erde auf den Lippen,
Mutter unser inmitten der Elektronen,
einzige unersetzbare Plazenta.

Manual para conducir

Para surcar mi cuerpo
sobre iluminadas autopistas,
despójate de medidas de seguridad
y avanza
cuan largo eres
sobre mí.

En la piel de este territorio
no hay más límite de velocidad
que la destreza de aferrar el volante
sobre las curvas más densas del camino.

Con los faros abiertos y encendidos
habrás de recorrerme como una ciudad extendida
de barrios ensimismados; descubrir tras puertas y ventanas
el perfume de jardines ocultos.

Lo mismo te asaltará el aroma
de las huele noche
que las plantas carnívoras te arrastrarán
hasta que aúlles suplicante.

A vos, amo de los carburadores relucientes,
yo te enseñaré a desear el agreste terreno de los cauces
y el abismo donde despeñar
todos tus artificiosos instrumentos de navegación.

En el placer de infinitas revoluciones por minuto,
de nada te servirán los frenos; los engranajes.
Es mejor que te rindas de antemano
cuando cruces hipnótico las avenidas anchas y quietas
donde vagan sueltas las fieras salvajes de mi ciudad
                                    encendida.

Handbuch zum Fahrenlernen

Um meinen Körper zu bereisen
auf erleuchteten Autobahnen,
leg den Sicherheitsgurt ab
und fahre
so lang du bist
über mich hin.

Auf der Haut dieses Territoriums
gibt es keine Geschwindigkeitsbegrenzung,
gefordert ist nur das Geschick, fest das Lenkrad zu halten
in den engsten Kurven der Strecke.

Mit aufgeblendeten Scheinwerfern
musst du mich durchmessen wie eine ausgedehnte Stadt
mit abgeschiedenen Vierteln; hinter Fenstern und Türen
den Duft verborgener Gärten entdecken.

Auch das Aroma von Heliotropen
wird dich überfallen,
fleischfressende Pflanzen werden dich einfangen,
bis du heulend um Gnade flehst.

Dich, Herr der glänzenden Motoren,
werde ich lehren, die wilde Erde der Flussbette zu begehren
und den Abgrund, abzuwerfen
all deine sinnreichen Navigationsinstrumente.

In der Lust zahlloser Umdrehungen pro Minute
werden dir nicht die Bremsen, nicht die Gangschaltung nützen;
am besten, du ergibst dich gleich
wenn du hypnotisiert die breiten, stillen Straßen überquerst,
wo die wilden Tiere meiner strahlenden Stadt frei
                              herumstreichen.

Descalzo y desnudo ambularás
los rascacielos de papel y las sombras solitarias
que se esconden bajo los puentes de mi espalda.
Vagarás indefenso por las esquinas ignotas
de mis rodillas.

Creo que te advertí que en mi ciudad no hay
                                          candados
y los zoológicos se abren de par en par al atardecer.
Un cuerpo de mujer es también un
                              acertijo siniestro
donde puedes estallar.
Podrías sucumbir antes de ascender
                              la última colina
y caer de bruces sobre el ombligo.

Las posibilidades son innumerables.

Sin embargo enuncio mi promesa:
Si te atreves autonauta
sobre mis iluminadas autopistas,
aún cuando me lo implores
no temas, no te lo concederé.

Hombre. Hombrecito mío.
Te doy mi palabra.
No te mataré.

Barfuß und nackt wirst du
zu den Wolkenkratzern aus Papier und den einsamen
Schatten wandeln,
die sich unter den Brücken meines Rückens verbergen,
wehrlos streunen durch die unbekannten Winkel
meiner Knie.

Ich glaube, dich gewarnt zu haben, in meiner Stadt gibt es
keine Schlösser
und die Tiergärten werden abends weit geöffnet.
Der Körper einer Frau ist auch ein Rätsel voller Verhängnis,
du kannst darin explodieren.
Du könntest aber auch erliegen, bevor du den letzten
Hügel erklimmst,
und auf dem Nabel landen.

Es gibt zahllose Möglichkeiten.

Doch ich gelobe dir eins:
Wenn du, Autonaut,
dich auf meine beleuchteten Autobahnen wagst,
werde ich, keine Angst, auch wenn du darum flehst,
deinen Wunsch nicht erfüllen.

Mann. Mein kleiner Mann.
Ich geb dir mein Wort.
Ich töte dich nicht.

Afirmación

Carretera.
Noche de calor.
Alrededor del poste del alumbrado público
cual brujas diminutas
larguiruchas
escuálidas
cuatro niñas
alertas
se turnan alrededor
de una silla imaginaria.

Es mi ciudad en invierno.
La tierra respira a bocanadas
el bochorno que antecede la lluvia.

Delante de mí
el conductor descarta con un gesto de fastidio
a la niña que se atreve a pedirle una limosna.
La niña corre y sobre el vidrio trasero de la polvosa
                                        camioneta
rápida, rauda, escribe algo
antes de que el semáforo pase de rojo a verde.

Testigo de la escena
yo me pregunto qué escribirá
ese ser diminuto con tanta determinación.
La imagino en la escuela,
una colegiala de falda azul y camisa blanca
que, por la noche, se transforma en mendiga
para mantener a la familia.

Cambia el semáforo, el color de la luz.
Sigo curiosa a la camioneta

Bestätigung

Landstraße.
Heiße Nacht.
Um den Mast der Straßenlaterne
gleich winzigen Hexen
aufgeschossen
mager
kreisen vier Mädchen, sprungbereit,
um einen
unsichtbaren Stuhl.

Das ist meine Stadt im tropischen Winter.
Die Erde atmet tief
die Schwüle ein, die dem Regen vorausgeht.

Der Fahrer vor mir
scheucht mit einer Geste des Widerwillens
das Mädchen weg, das gewagt hat zu betteln.
Die Kleine rennt, schnell, ungestüm,
schreibt sie etwas auf die Rückscheibe des staubigen
Wagens,
bevor die Ampel von Rot auf Grün schaltet.

Zeugin der Szene
frage ich mich, was wohl
dieses kleine Wesen mit solcher Entschiedenheit
schreibt.
Ich sehe sie im Unterricht,
eine Schülerin in blauem Rock und weißer Bluse,
die gegen Abend zur Bettlerin wird,
um die Familie zu ernähren.

Die Ampel springt um, die Farbe des Lichts.
Neugierig folge ich dem Kleinlaster,

Quiero leer lo que escribió la niña de rostro envejecido.
En la penumbra leo:

Digna Mendiola.

Ningún insulto. Ningún alarido.
Sólo un nombre.
Sólo la silenciosa afirmación
de que se llama
y es y existe.

will lesen, was das Kind mit dem alten Gesicht geschrieben hat.
Im Dämmerlicht lese ich:

Digna Mendiola.

Keine Beleidigung. Kein Aufschrei.
Nur ein Name.
Nur die schweigsame Bestätigung,
dass sie einen Namen hat,
dass sie ist, dass es sie gibt.

Sola en Copacabana

Noche
que me aprieta en sus brazos
atravesándome de avenidas ignoradas
y tráfico febril.

Afuera el Atlántico lame los pies de los amantes
que caminan sobre la playa iluminada de Copacabana.
Vidas entrechocan sus bordes
cual copas colmadas o cercanas al vacío.
El ruido de sus cristales se mezcla
con el sonido de los buses circulando
sobre las anchas calles donde habitan las palmeras
dueñas de su desparpajo.

Mi cuerpo emite vibraciones múltiples
como si desde la habitación del hotel donde estoy sola
el flujo de cuanto acontece penetrara en el viento
que mece las cortinas
y ya me parece sentir la mirada en el bar
el roce inesperado
o el portazo de un ritmo de a dos
que se interrumpe como si alguien pulsara una tecla
y obligara a la ciudad a enmudecer.

Noches como ésta
me han llevado con ellas
hacia amaneceres donde el color se asemeja tanto a la ternura.
O a esta dulce noción de pequeñez
de estar como grano de arena en una playa oscura
inmensamente acompañada.

Allein an der Copacabana

Nacht
hält mich in ihren Armen,
durchzieht mich mit unbekannten Straßen
und fiebrigem Verkehr.

Draußen leckt der Atlantik die Füße der Liebespaare,
die den erleuchteten Strand von Copacabana begehen.
Leben stoßen aneinander
wie Gläser, voll geschenkt oder fast leer.
Der Lärm des Kristalls mischt sich
mit dem Klang der Busse
auf den breiten Straßen, wo die Palmen wohnen,
ihrer Unverfrorenheit bewusst.

Mein Körper sendet vielerlei Schwingungen aus
als dringe in das Hotelzimmer, in dem ich allein
bin, der Fluss allen Geschehens mit dem Wind ein,
der die Gardinen wiegt.
Und schon glaube ich den Blick in der Bar zu spüren,
unerwartet die leichte Berührung
oder das Schlagen der Tür zum Zweierrhythmus,
der abbricht, als drücke jemand eine Taste
und brächte die Stadt zum Verstummen.

Nächte wie diese
haben mich fortgetragen
zu Sonnenaufgängen, deren Farbe stark der Zärtlichkeit ähnelt.
Oder dem wohligen Wissen um die eigene Winzigkeit
wie ein Sandkorn an einem dunklen Strand zu liegen
in unermesslicher Begleitung.

Creación

La soledad del escritor.
La fragua lenta, íngrima, de la palabra
– el peligro y sus chispas.

El enfrentamiento cotidiano con el cansancio
y las distracciones
– el país que ando siempre colgado en la garganta
con sus campanarios.

Soledad del alma que añora ruidos lejanos
y la soledad del escritor
la de siempre
la de a diario
la pantalla encendida ausente y azul como un cielo
                                        sin estrellas,
un Universo donde soy la única Diosa posible.

Kreation

Die Einsamkeit des Schriftstellers.
Die langsame, weltverlassene Schmiede des Wortes
– die Gefahr und ihre Funken.

Die tägliche Konfrontation mit Müdigkeit
und Ablenkung
– das Land mit seinen Glockentürmen,
das mir stets in der Kehle steckt.

Einsamkeit der Seele, die sich nach fernen Geräuschen sehnt
und Einsamkeit des Schriftstellers
die altbekannte
die tägliche
der eingeschaltete Bildschirm abwesend und blau wie ein
                                        sternenloser Himmel,
ein Universum, in dem ich die einzig mögliche Göttin bin.

Placer del chocolate

Un cuadrado oscuro de chocolate
tiene para los dientes
el mismo efecto sensual
que el lodo en los pies traviesos de la niñez.
En la lengua, la densa materia oscura
suelta saliva en rojos cauces.
El chocolate se disuelve en dulce espeso fango
cuando lentamente se acarician los bordes
hasta que la tableta en la cavidad cálida
suelta aromas recuerdos y flores
en las distendidas papilas.
Ríos de chocolate
atraviesan encías y resquicios dentales
y el placer – que uno sabe fugaz –
da sus vueltas atrapado en la boca.
Devoro chocolate ahora que no te tengo
para, lícitamente y sin culpas,
abandonarme al erotismo.

Comiendo chocolate pienso en tu piel a mordiscos
pienso en tus piernas
tus pies
pienso en los manjares suculentos
de la vida.

Schokoladenlust

Ein dunkles Schokoladenviereck
übt auf die Zähne
den gleichen sinnlichen Reiz aus
wie Matsch auf die mutwilligen Füße der Kindheit.
Auf der Zunge lockt die dichte, dunkle Masse
Speichel aus roten Gräben.
Die Schokolade löst sich süß in zähen Schlamm,
liebkost man bedächtig die Kanten
des Täfelchens, bis es
Aromen, Erinnerungen und Blumen
den entspannten Papillen preisgibt.
Schokoladenströme
fließen über Zahnfleisch, dringen in Zwischenräume,
und die Lust – die wir als flüchtig kennen –
dreht, im Mund gefangen, ihre Runden.
Jetzt, da ich dich nicht habe, verzehre ich Schokolade,
um mich, ganz legitim und ohne Schuld,
dem Eros hinzugeben.

Schokolade essend denk ich Biss um Biss an deine Haut
denke an deine Beine
deine Füße
denke an die Leckerbissen
des Lebens.

Huellas

Pronto me marcharé a selvas de humo y de concreto
andaré calles de ciudades hostiles
mi nombre sonará a otro nombre
mi rostro parecerá otro rostro.
Por eso aquí, esta tarde
así quiero quedarme
viendo desde lo alto mi rebaño de volcanes azules
dejando que el paisaje se me crezca por dentro
que el lago se me instale en los pulmones
que las nubes se expandan en mi sangre
que me nazcan volcanes en los ojos
que esta visión de mito y epopeya
alimente los ríos interiores
con los que me sostendré
cuando abra la distancia su profunda frontera.

Spuren

Bald breche ich auf zu Wäldern aus Rauch und Beton,
gehe über Straßen feindseliger Städte.
Mein Name wird nach einem anderen Namen klingen.
Mein Gesicht einem anderen Gesicht gleichen.
Deshalb will ich heute Abend
hier bleiben,
meine Herde blauer Vulkane von oben betrachten,
zulassen, dass die Landschaft in mir wächst,
der See in meinen Lungen Platz findet,
die Wolken sich in meinem Blut ausdehnen,
Vulkane in meinen Augen aufsteigen,
dass diese Vision von Mythos und Epopöe
meine inneren Flüsse speist,
auf denen ich mich halten werde,
wenn die Distanz ihren tiefen Graben aushebt.

Gozos cibernéticos

Aquí estoy: venada sobre el pasto azul.
Los horizontes son planos luminosos
por los que cursan ríos secretos
arroyuelos por donde corren inquietas descargas eléctricas
– cifras digitales preñadas de cotidianos pensamientos.

Podemos hablar. Zambullirnos en formas geométricas.
Traspasar a conductores minúsculos el gesto de la risa,
acariciar las ideas en su incesante movimiento.

En el misterio interior de la máquina
imagino una ciudad donde soy oráculo y diosa,
principio y fin. Donde la electricidad fluye con mi
                                        deseo de vivir
y el ordenador es el puerto hacia un espacio
donde mi cuerpo es el palpitar del cursor
que se agita imitando la frecuencia de mi aliento.

Nunca antes
sobre el pasto azul
han podido ser los venados tan juguetones,
dúctiles, ubicuos.

Y nunca fue tan cierta la misteriosa frase de la creación:
En el principio era el Verbo.

Mi palabra te lleva y te trae. En el misterio del uno
                                        y del cero,
danzo para vos
este canto de gozo cibernético.

Kybernetische Wonnen

Hier bin ich: Hirschkuh auf blauer Weide.
Die Horizonte sind leuchtende Flächen,
durch die geheime Flüsse ziehen,
Bäche, in denen unruhige elektronische Entladungen fließen
– digitale Ziffern, die alltägliche Gedanken austragen.

Wir können sprechen. In geometrische Formen eintauchen.
Winzigen Leitungen ein Lachen übermitteln,
die Ideen in ihrer rastlosen Bewegung liebkosen.

Im rätselhaften Inneren des Apparats
stelle ich mir eine Stadt vor, deren Orakel und Göttin ich bin,
Anfang und Ende. In der mit der Elektrizität mein
                                        Lebensdrang strömt
und der Computer Hafen zu einem Raum wird,
in dem mein Körper ein zitternder Cursor ist,
der fahrig meine Atemfrequenz imitiert.

Nie zuvor
konnten auf der blauen Weide
die Hirsche so verspielt,
geschmeidig, allgegenwärtig sich geben.

Und nie traf der geheimnisvolle Satz der Schöpfung so zu:
Am Anfang war das Wort.

Mein Wort führt dich, bringt dich her. Im Rätsel des Einen
                                        und Nichts
tanze ich für dich
diesen Gesang kybernetischer Wonne.

Contra toda esperanza

En estos días
en que el mundo temiendo la entropía
se dobla sobre sí mismo,
es cada vez más ardua la tarea
de pregonar anuncios optimistas.

No hay evidencias que soporten
la esperanza de vientos
errumbandonos hacia ignotos continentes plenos de verdor
o de palabras que acierten y nos expliquen los
                                          mutuos agravios.
Al contrario: el tiempo acumula pruebas contra las
                              posibilidades del equilibrio.

Hay cientos de seres pereciendo
mientras otros asisten impávidos a sus agonías
– espectadores en mullidas butacas
pulsando botones.
Una sociedad de voyeurs
bendice su abundancia.
              – Los muchachitos en el centro comercial
              disparan y acumulan puntos destruyendo
                              enemigos imaginarios.
              Técnicas sofisticadas recrean masacres en
                                          salas de cine
              de innumerables pantallas.

En medio de la avidez
hombres y mujeres resuelven la certidumbre de su muerte
                                          inevitable
dando la espalda al destino común,
aferrándose a una minúscula y transitoria felicidad.

Gegen jede Hoffnung

In diesen Tagen,
in denen die Welt, die Entropie fürchtend,
sich zusammenkrümmt,
wird es immer mühseliger
optimistische Parolen auszugeben.

Keine Tatsachen sprechen für
die Hoffnung auf Winde,
die uns zu unbekannten Kontinenten, strahlend in
                              üppigem Grün, davontrügen,
oder auf triftige Worte, die uns wechselseitig begangenes
                              Unrecht erklärten.
Im Gegenteil: Die Zeit häuft Beweise gegen ein mögliches
                              Gleichgewicht.

Hunderte von Wesen verenden
während andere unbewegt ihren Todeskampf beobachten
– Zuschauer in weichen Sesseln,
drücken auf Knöpfe.
Eine Gesellschaft von Voyeuren
preist ihren Überfluss.
          – Die kleinen Jungen im Einkaufszentrum
          schießen und sammeln Punkte beim Ausmerzen
                              imaginärer Feinde.
          Mit ausgefeilter Technik werden in Kinos
          auf zahllosen Leinwänden Massaker wiederholt.

Inmitten allgemeiner Gier
begegnen Männer und Frauen der Gewissheit ihres
                              unvermeidlichen Todes
mit der Abkehr vom gemeinsamen Geschick
und klammern sich an ein winziges, flüchtiges Glück.

Llueven los hombrecitos con los paraguas, como en el cuadro
                                          de Magritte.
Cada quien tapándose como puede del sol abrasador.
Cada quien imaginando que sobrevive
y que está de más soñar en voz alta.

Poeta dentro de mi soledad. Testiga de este mundo soez,
                                          me arrastro
con mis alas pesadas hacia la cumbre desde donde me lanzaré
como Icaro, una y otra vez,
porque quizás
porque tal vez
porque no me resigno.

Es regnet kleine Männer mit Regenschirmen, wie auf dem Bild
                                            von Magritte.
Jeder schützt sich wie er kann vor der sengenden Sonne.
Jeder bildet sich ein, er werde überleben
und es sei überflüssig, laut zu träumen.

Dichtend in meiner Einsamkeit. Zeugin dieser widerwärtigen
                          Welt, schleppe ich mich
mit schweren Flügeln zum Gipfel, von dort stoße ich mich ab
wie Ikarus, ein ums andere Mal,
weil vielleicht,
weil womöglich,   .
weil ich nicht aufgebe.

De peligros y peligros

Un bocado de vos
Un sendero para indagar los vericuetos
De tus piernas.
El mundo pulsa como una bomba de tiempo
Pero en los precipicios del arco de tu brazo
La muerte, ni el caos, me amenaza.
Dame hoy y todos los días los peligros de la carne
Tu mortífero cuerno de la abundancia.
La muerte momentánea
Que espera en la esquina de la cama.
Con sus alaridos
Y su rutilante ceguera.
Que avancen sobre mis colinas
Briosos y gallardos tus ejércitos.

Von Gefahren und Gefahren

Ein Bissen von dir
Ein Pfad, um die Unwegsamkeiten
Deiner Beine zu erkunden.
Die Welt tickt wie eine Zeitbombe
Doch in den Abgründen deiner Armwölbung
Bedroht der Tod mich nicht, noch das Chaos.
Schenke mir heute, jeden Tag, die Gefahren des Fleisches
Dein todbringendes Füllhorn.
Den plötzlichen Tod
Der an der Bettkante wartet.
Mit seinem Kriegsgeschrei
Und seiner leuchtenden Erblindung.
Lass feurig und kühn deine Armeen
Auf meinen Hügeln vorrücken.

Sobre el modo de andar del tiempo

a mi hijo Camilo

Acostado cuan largo eras
alcanzabas en un recodo
del largo camino de mis piernas.

En el consultorio del pediatra
las madres de rollizos enormes bebés
nos miraban curiosas y compasivas.
Yo era la mujer con el niño miniatura.
El niño perfecto de manos transparentes.
El pelirrojo. Apenas si tenías cejas o pestañas.

Quisiste venir al mundo corriéndote los riesgos
de un ingreso precipitado y prematuro.
Te aburrías en el vientre. No olvido cuánto te
                                        movías.
Noche y día, como si buscaras la puerta para salir.

Así has vivido, Camilo, ávido alazán,
nacido bajo el signo de la impaciencia.
Te he visto caminar los pasillos de los días y los años
como si esperaras otra vez tu propio nacimiento,
la voz que te anuncie la alegría permanente,
el estado de gracia,
que veniste a buscar tan temprano
a la vida.

Madre tuya que soy, extraño las lunas en que no
                                        pude alojarte,
el sosiego que no llegué a transmitirte.
No pudimos, juntos, aprehender lo que se acumula
                                        en las esperas.
Con palabras intento ahora asegurarte que el tiempo,
tiene su ciclo de preñez.

Über das Fortschreiten der Zeit

für meinen Sohn Camilo

Liegend in ganzer Länge
passtest du in eine Biegung
des langen Wegs meiner Beine.

In der Praxis des Kinderarztes
sahen die Mütter rundlicher Riesenbabies
mit Neugier und Mitgefühl auf uns.
Ich war die Frau mit dem Miniaturkind.
Der vollkommene Knabe mit den durchsichtigen Händen.
Der Rotschopf. Brauen und Wimpern hattest du kaum.

Du wolltest zur Welt kommen und das Risiko
eines überstürzten und verfrühten Eintritts auf dich nehmen.
Du langweiltest dich im Bauch. Ich vergesse nicht, wie du
                                                    strampeltest.
Tag und Nacht, als suchtest du die Tür hinauszukommen.

So hast du auch gelebt, Camilo, begieriges Fuchsfüllen,
geboren unter dem Zeichen der Ungeduld.
Laufen sah ich dich durch die Flure der Tage und Jahre,
als erwartetest du noch einmal die eigene Geburt,
die Stimme, die dauernde Freude kündet,
den Zustand der Gnade,
den du so früh
im Leben suchen kamst.

Als deine Mutter vermisse ich die Monde, die ich dich nicht
                                        beherbergen konnte,
die Ruhe, die ich dir nicht zu vermitteln wusste.
Es war uns nicht gegeben, gemeinsam zu ergreifen, was beim
                                        Warten anwächst.
Nun sollen meine Worte dafür bürgen, dass die Zeit
nach eigenem Zyklus schwanger geht.

Rara vez cede a nuestras prisas. Sabido es que
levantarse al alba nunca acerca al rosa de la madrugada.

Lentamente así, un año se ha convertido en otro.
Soy yo la que se ha quedado pequeña
mirando tu trayectoria de árbol.
Has salido de pronto de vos mismo.
El niño queda sólo en los retratos
como la muda de un animal fantástico,
y el hombre que sos se inclina para abrazarme.

Veintitrés años.
Magnífica edad para empezar con calma,
para reclinarse con urgencia.

Nur selten gibt sie unserer Eile nach. Bekanntlich bringt
frühes Aufstehen die Morgenröte nicht näher.

Langsam ist so aus einem Jahr das andere hervorgegangen.
Ich bin diejenige, die klein geworden ist,
während ich deinem Werdegang eines Baums zuschaute.
Irgendwann bist du dir selbst entstiegen.
Das Kind blieb auf den Bildern zurück
wie die Haut eines phantastischen Tiers
und der Mann, der du bist, beugt sich herab, mich zu umarmen.

Dreiundzwanzig Jahre.
Ein wunderbares Alter, es ruhig angehen zu lassen,
sich eiligst zurückzulehnen.

Contestador automático

No hay nadie.

Sólo la máquina
responde tu llamada.
La voz incorporal
el espejismo de una presencia
que dice lamentar estar ausente.

En la tarde la soledad rodea tu silla
se te acomoda como gato en el regazo.
»Estoy triste«, quieres decir. »Te necesito.«

Pero ¿cómo decírselo a un contestador automático?
Un autómata que al intentar mitigar el frío vacío
del espacio abandonado
consigue aumentar la desazón
dibujando una silueta que en segundos se deshace
dejando en el tacto
la intuición deshojada de una cercana piel.

La soledad te hace buscar más allá. Otro número.
                                    La promesa de
otra voz.
Y entra la llamada. Oyes el »hola« conocido.
Es el alivio. Empieza el alma a reclinarse sobre
                                    el pecho
cuando, con apuro, el amigo o la amiga te pregunta si
                                    estás en casa,
porque es el caso que precisamente en ese instante,
(gracias a la multi-facética tecnología)
está también en línea con alguien más
y no puede atenderte.

Automatischer Anrufbeantworter

Niemand da.

Nur die Maschine
antwortet auf deinen Anruf.
Die körperlose Stimme,
Vorspiegelung einer Präsenz,
die bedauert, abwesend zu sein.

Abends streicht die Einsamkeit um deinen Stuhl,
legt sich wie eine Katze auf deinen Schoß.
»Ich bin traurig«, möchtest du sagen. »Ich brauche dich.«

Nur wie sagt man das einem automatischen
                                    Anrufbeantworter?
Ein Automat, der im Bemühen, die kalte Leere zu lindern,
die Verlassenheit des Raums,
dein Unbehagen noch steigert,
zeichnet er doch eine Silhouette, die sich in Sekunden auflöst,
und dem Tastsinn
die entblätterte Ahnung einer nahen Haut hinterlässt.

Die Einsamkeit treibt dich weiter. Eine andere Nummer.
Das Versprechen einer anderen Stimme.
Der Anruf wird angenommen.
Du hörst das bekannte »Hallo«.
Erleichterung. Die Seele will sich entspannt zurücklehnen,
als, hastig, der Freund oder die Freundin fragt, ob du
                                    zu Hause bist,
gerade eben habe man nämlich
(dank der vielseitigen Technologie)
jemand anderen in der Leitung
und könne nicht mit dir sprechen.

Dices que sí, que claro, que no se preocupe;
estarás en casa
estarás toda la mañana y toda la tarde en casa.

Estarás sola y angustiada en casa
pretendiendo
– mujer moderna –
que sobrevives tan bien como cualquier otra
las múltiples ocupaciones,
la indiferencia.

Ja, sagst du, klar, keine Sorge;
du bist zu Hause
wirst den ganzen Morgen und den ganzen Nachmittag
                                        zu Hause sein.

Wirst allein und beklommen zu Hause sein
und vorgeben
– ganz moderne Frau –
so gut wie jede andere
die vielfältigen Verpflichtungen zu überleben,
die Gleichgültigkeit.

Paisaje lunar

Hace tiempo que vivo en un paisaje lunar.
Un paisaje lunar alumbrado por la sonrisa de una
                                                    niña
Y la fantasía de un hombre que se sueña feliz a mi
                                                    lado.
De puntillas llevo mi tristeza
La traslado escondida como contrabando
De un extremo del día al extremo de la noche.
En mi tristeza está el fuego que me he robado y que
                                                    oculto
De esas miradas inocentes que no saben que sobrevivo
Sólo para ellas.

Mondlandschaft

Schon lange lebe ich in einer Mondlandschaft.
Einer Mondlandschaft, erleuchtet vom Lächeln eines kleinen
Mädchens
Und der Phantasie eines Mannes, der sich an meiner Seite
glücklich träumt.
Auf Zehenspitzen führe ich meine Traurigkeit umher
Verborgen schmuggle ich sie
Vom Anfang des Tages bis zum Ende der Nacht.
Meine Traurigkeit birgt in sich das Feuer, das ich mir raubte
und nun verstecke
Vor diesen unschuldigen Blicken, die nicht wissen, dass ich
Nur für sie überlebe.

Lo que amo y desamo

Amo de vos tu constante deslumbre por la vida,
tu sonrisa
la manera en que te fluye del cuerpo la alegría
tu ironía de niño
divirtiéndose con su propio encanto.

Amo la solidez de tu antebrazo
la punta cuadrada de tus dedos.
(Los gestos de tus manos
son suficientes para evocarme pasiones arrebatadas.)

Amo verte dormir abandonado y hermoso,
las canas apareciéndote en las sienes
tu manera de andar desnudo
tus piernas firmes y nerviosas.

Amo tu amor al mar y a los árboles,
la manera fácil con que te brotan las lágrimas.

Tantas cosas sencillas amo de vos
y tantas cosas complicadas:
tu obsesión con la infancia
con los veranos en Santa Margarita
el mediterráneo
el abuelo severo, pero también dulce
el jardinero artista de las buganvillas
tus amigos asustados entre los olivos al atardecer.

Te amo cuando salís de la ciudad
y en el campo tus manos fuertes podan los viñedos
o conducen el tractor
para abrir senderos en el bosque.

Was ich liebe und nicht liebe

Ich liebe an dir dein dauerndes Staunen über das Leben,
dein Lächeln,
die Art, wie dein Körper Freude verströmt,
deine Ironie, ein Kind,
das sich am eigenen Zauber vergnügt.

Ich liebe die Festigkeit deines Unterarms,
deine eckigen Fingerspitzen.
(Die Gesten deiner Hände
sind Grund genug, heftiger Leidenschaften zu gedenken.)

Ich liebe es, dich schlafen zu sehen, hingegeben und schön,
liebe die grauen Haare, die an deinen Schläfen hervorblitzen,
wie du nackt herumgehst,
deine festen und nervigen Beine.

Ich liebe deine Liebe zum Meer und zu den Bäumen
und dass dir leicht die Tränen kommen.
So viele einfache Dinge liebe ich an dir
und so viele komplizierte.
Wie du an deiner Kindheit hängst,
deine Sommer in Santa Margarita,
das Mittelmeer,
der strenge, doch liebevolle Großvater,
der Gärtner, ein Künstler der Bougainvilleas,
abends deine verängstigten Freunde zwischen den
                                       Olivenbäumen.

Ich liebe dich, wenn du die Stadt verlässt
und auf dem Land deine kräftigen Hände die Weinstöcke stutzen
oder den Traktor lenken,
um Pfade im Wald zu öffnen.

Amo tu pasión por los caballos
y la manera en que conocés el sitio exacto
donde les gusta que los acaricien.
Amo también tu facilidad
para encariñarte con los perros
y hacer que te reconozcan.

Amo tu gusto por la comida
los quesos, el salame, el buen vino,
tu habilidad para conocer las frutas
y para inventar frituras de hierbas
y hacer que la casa entera huela a tomillo,
orégano y albahaca.
Amo la manera en que cortás las cebollas,
los tomates, las verduras
y tu desenfado para echarlas al fuego
y la celeridad con que sabés preparar y hasta
                                                adornar
los más deliciosos platos.

Amo tu afición por los libros, por Tin Tin,
por las ediciones del 1700 y el 1800,
la delicadeza con que abrís sus hojas antiguas
y extendés sus dibujos
frágiles y misteriosos.

No cesa de maravillarme tu íntimo conocimiento
                                de las máquinas,
la certeza que mostrás para penetrarles el corazón
y descifrarles los secretos.

Amo la honestidad de tu criterio.
A veces tu terquedad,
a veces hasta tus incomprensibles lealtades.
El hecho de que aún guardés para mí

Ich liebe deine Leidenschaft für Pferde
und wie du die genaue Stelle kennst,
wo sie sich gern streicheln lassen.
Ich liebe auch, wie leicht
du Hunde lieb gewinnst
und erreichst, dass sie dich erkennen.

Ich liebe deine Lust am Essen
an den Käsen, der Salami, gutem Wein,
dein Geschick, die Früchte zu wählen
und Kräuterpfannen zu kreieren
und das ganze Haus nach Thymian,
Oregano und Basilikum duften zu lassen.
Ich liebe die Art, wie du Zwiebeln schneidest,
Tomaten, Gemüse,
und wie locker du sie aufs Feuer gibst
und wie fix du die köstlichsten Speisen
bereitest und sogar dekorierst.

Ich liebe deine Begeisterung für Bücher, für Tim und
Struppi,
für Ausgaben des achtzehnten Jahrhunderts,
wie du behutsam ihre alten Seiten aufblätterst
und fragile, geheimnisvolle
Bilder entfaltest.

Immer wieder staune ich über deine intime Kenntnis
der Maschinen,
über die Sicherheit, mit der du in ihr Herz vordringst
und ihre Geheimnisse entzifferst.

Ich liebe die Ehrlichkeit deines Urteils.
Manchmal deinen Starrsinn,
manchmal sogar deine unbegreiflichen Loyalitäten.
Die Tatsache, dass du für mich

vastos territorios inexplorados
ricos yacimientos por descubrir.

No amo tu incesante actividad,
tu constante exhortación al atletismo, al alpinismo,
al patinaje, a cualquier cosa menos a estarte quieto,
apacible.
No amo, por lo mismo, las mañanas de Domingo con vos,
ni tu poca disposición a quedarte perezoso en la cama
preparar un desayuno lánguido con una flor del jardín
y regar el periódico, las noticias del mundo
entre las almohadas.

No amo tu lealtad a ciertas rutas conocidas,
la rutina de los mismos restaurantes
la opción inevitable por el cine.

No te amo cuando te ponés distante
y equiparás la eficiencia con la frialdad
o querés disponer las emociones en un calendario
o te refugiás en la palabra y el discurso
olvidándote del poder del toque de tus manos.

No amo que me busqués la imperfección,
que postergués la lectura de mis poemas
que no me concedás el derecho a lo
románticamente cursi:
la sagrada idiotada de los cumpleaños
las bienvenidas cálidas
en la puerta de llegada del avión.

Son pocas las cosas, ya ves
que te reclamo:
un poco más de calor,
unos cuantos grados más de ternura,

noch weite Gebiete unerforscht bewahrst,
reich an Bodenschätzen, der Entdeckung harrend.

Ich liebe nicht deine unaufhörliche Geschäftigkeit,
deine ständige Ermunterung zu Athletik und Alpinismus,
zum Skaten, zu allem, was friedlicher Ruhe
entgegensteht.
Eben deshalb liebe ich auch nicht die Sonntagmorgende mit dir,
deine geringe Bereitschaft, träge im Bett zu bleiben,
gemächlich zu frühstücken mit einer Blume aus dem Garten,
dieweil man die Zeitung zerblättert, die Nachrichten der Welt
zwischen Kissen verstreut.

Ich liebe nicht deine Treue zu gewissen ausgetretenen Pfaden,
die Routine der immergleichen Restaurants,
die unvermeidliche Entscheidung fürs Kino.

Ich liebe dich nicht, wenn du auf Distanz gehst
und Effizienz mit Kälte gleichsetzt
oder die Gefühle im Kalender festlegen willst
oder dich in Worte und Reden flüchtest,
dabei die Macht vergisst, die in der Berührung deiner Hände liegt.

Ich liebe es nicht, dass du nach meinen Mängeln suchst,
dass du das Lesen meiner Gedichte aufschiebst,
dass du mir nicht das Recht
auf romantisch Konventionelles zugestehst:
auf die heilige Idiotie der Geburtstage,
den warmen Empfang
in der Ankunftshalle des Flughafens.

Du siehst schon, es sind wenige Dinge,
die ich einfordere:
ein klein bisschen mehr Wärme,
ein paar Grad mehr Zärtlichkeit

una mayor comprensión a mi desmedido amor por
Nicaragua,
una valoración más justa de mis renuncias,
que consolés mi nostalgia sin enjuiciarla,
que me acompañés en los miedos,
en la fragilidad como en la fortaleza,
que comprendás el inmenso poder
que el amor que te tengo
te confiere sobre mí.

ein größeres Verständnis für meine unmäßige Liebe zu
                                                    Nicaragua,
eine gerechtere Bewertung meiner Verzichte,
dass du meine Sehnsucht tröstest, ohne sie zu verdammen,
dass du mich begleitest in meinen Ängsten,
in schwachen wie in starken Tagen,
dass du begreifst, welch ungeheure Macht dir
meine Liebe
über mich erteilt.

Cuando salga el sol

Cuando salga el sol
y cese la interioridad de la noche
desaparecerá el espacio inmóvil
en que me recupero del día.

Afuera canta un pájaro desconocido.
El sistema circulatorio de la casa borbotea en las cañerías.
Mi hija duerme.
A solas conmigo misma
me armo de nuevo
como un rompecabezas.

Wenn die Sonne aufgeht

Wenn die Sonne aufgeht
und das Innerliche der Nacht endet,
schwindet der reglose Raum,
in dem ich mich vom Tag erhole.

Draußen singt ein unbekannter Vogel.
Das Kreislaufsystem des Hauses gurgelt in den Rohren.
Meine Tochter schläft.
Allein mit mir
setze ich mich wieder zusammen
wie ein Puzzle.

Un mundo sin Hitler

¿Cómo habría sido
– sin Hitler –
esta Alemania a la que ahora me asomo?

El comedor del hotel
austero, moderno
con los paneles de madera sin adornos
aséptico, triste
me cuenta la historia de los bombardeos.
Esta mañana en Gottingen,
si Hitler no hubiera existido,
yo estaría desayunando en el salón
perfectamente conservado
de un edificio barroco
pleno de historia.

El ochenta por ciento de la ciudad
fue demolido por los bombardeos aliados.

¿Cuánto se perdió en este país?
¿Qué cantos, qué vitalidad se tragó la culpa?
¿Cómo habrían sido estos hombres y mujeres de hermosos
                                              rostros,
– herederos de Goethe y Schiller –
sin el tizne y el humo de las macabras chimeneas?
¿Qué otro Beethoven, Bach
no habría llenado al mundo de música
de no haberse hecho trizas
el espíritu de tanta sinfonía?

¿Y qué decir de los seis millones que se esfumaron?
¿Los que fueron judíos o comunistas o gitanos?
¿Los que murieron sin descendencia?

74

Eine Welt ohne Hitler

Wie wäre es gewesen
– ohne Hitler –
dieses Deutschland, auf das ich nun blicke?

Der Speisesaal des Hotels
streng, modern
mit schmuckloser Holzvertäfelung
trist, steril
erzählt mir von den Bombenangriffen.
Hätte Hitler nicht existiert,
frühstückte ich heute Morgen in Göttingen
in dem tadellos erhaltenen Salon
eines barocken Gebäudes
voller Geschichte.

Achtzig Prozent der Stadt
wurde von den Bomben der Alliierten zerstört.

Wie viel ging in diesem Land verloren?
Welche Lieder, welch Lebenslust verschlang die Schuld?
Wie hätten diese Männer und Frauen mit ihren schönen
                                                    Gesichtern
– Erben von Goethe und Schiller –
ohne den Ruß und den Rauch jener makabren Schornsteine
                                                    sein können?
Welch neuer Beethoven, Bach
hätte die Welt der Musik wohl erfüllt,
wäre der Geist so vieler Symphonien
nicht zerschlagen worden?

Und was sagen von den sechs Millionen Ausgelöschten?
Von den Juden, Kommunisten oder Zigeunern?
Von denen, die ohne Nachkommenschaft starben?

¿Qué claridades, qué entenderes, qué riquezas
habrían significado sus vidas
en el acumulado de la humanidad,
en el legado amasado por todos?

¿Qué hombres, qué mujeres perdimos?
¿En qué ciudades habitarían hoy?
¿Qué hijos tendrían?
¿Qué amores nunca se realizaron?
¿Quienes serían hoy nuestros amigos?

¿Quién nos explica?
¿Quién nos devuelve el canto rasgado
en tan insondable silencio?

Welche Erleuchtungen, welche Erkenntnisse, welche Reichtümer
hätten ihre Leben bedeutet
in dem, was die Menschheit angesammelt
in der von allen geschmiedeten Hinterlassenschaft?

Welche Männer, welche Frauen haben wir verloren?
In welchen Städten würden sie heut wohnen?
Welche Kinder hätten sie?
Welche Lieben kamen nie zustande?
Welche von ihnen wären heute unsere Freunde?

Wer erklärt es uns?
Wer gibt uns das zerrissene Lied zurück
in solch unergründlicher Stille?

Preguntas

Sufro una tristeza de hojas
que el viento bate contra la puerta cerrada.

Es el otoño y se hace remolinos la hojarasca.
Como si todos los días vacíos de la vida
se apilaran en el jardín crujiendo su desperdicio.

Recuerdo la pasión.
El tiempo cuando lo prohibido o lo imposible
me tentaba.
Cuando saltaba sin red
o entraba a las jaulas de las panteras
pensando en domar la vida
o darle un curso nuevo a la historia.

El tiempo del deseo no conoce el recato
mucho menos la prudencia.

Ante mi ventana la brisa deja las ramas
avergonzadas en su desnudez.
¿Llega el momento en que uno acepta el despojo?
¿Salir al patio, barrer las hojas caídas
y prepararse para el invierno?
¿Cuántas estaciones alcanzan en una vida?
¿Cuántas hojas muertas?

Fragen

Ich leide an einer Traurigkeit aus Blättern,
die der Wind gegen die geschlossene Tür weht.

Es ist Herbst und das Laub wirbelt auf.
Als würden alle leeren Tage des Lebens
sich im Garten anhäufen und ihre Vergeudung rascheln.

Ich erinnere mich der Leidenschaft.
Die Zeit, als das Verbotene oder Unmögliche
mich versuchte.
Als ich Saltos ohne Netz schlug
oder Pantherkäfige betrat,
dachte, das Leben bändigen
oder die Geschichte verändern zu können.

Die Zeit des Verlangens kennt keine Scheu
und erst recht nicht die Vorsicht.

Vor meinem Fenster lässt der Wind die Zweige
in ihrer Nacktheit beschämt zurück.
Kommt der Augenblick, in dem man die Entblößung akzeptiert?
Auf den Hof gehen, die abgefallenen Blätter fegen
und sich auf den Winter vorbereiten kann?
Wie viele Jahreszeiten genügen für ein Leben?
Wie viele tote Blätter?

La Estabilidad

El tiempo transforma las sorpresas del amor en sabiduría,
en cóncavas superficies
donde los cuerpos se acomodan exactamente
como cucharas en la alacena de la cama y la noche.
En puntillas habitamos lo cotidiano y predecible
refunfuñando la quietud
pero cuidándonos bien de no despertar ninguna de las fieras
                                                    aletargadas
que, dóciles, fingen dormir a nuestros pies
como animales domésticos.
Está bien que nada altere la paz de
días que se colocan sin sentirse uno al lado del otro.
No me hagás caso si te acuso de repetirte
y me lamento por saber con antelación
el programa de la semana.
No te dejes seducir por mis cantos de sirena
evocando tiempos de efímera felicidad.

Cómprame calendarios, márcalos,
oblígame a comprometerme
para el año que viene.

Stabilität

Die Zeit verwandelt die Überraschungen der Liebe in Weisheit,
in konkave Oberflächen,
Löffeln gleich passen sich die Körper an
in der Nische des Betts und der Nacht.
Auf Zehenspitzen bewohnen wir das Alltägliche und
Voraussagbare,
murren über die Ruhe,
hüten uns aber, eins der wilden Tiere zu wecken,
die sich, gefügigen Haustieren gleich, zu unseren Füßen
schlafend stellen.
Es ist gut so, nichts stört den Frieden
der Tage, sie reihen sich aneinander, spüren sich nicht.
Hör nicht auf mich, wenn ich dich der Wiederholung zeihe
und mich beklage, im Voraus
den Ablauf der Woche zu kennen.
Lass dich nicht verführen von meinem Sirenengesang,
der Zeiten flüchtigen Glücks beschwört.

Kauf mir Kalender, markier sie,
verpflichte mich
auf das nächste Jahr.

Milagros

En la pantalla – mi telescopio hacia el cosmos –
    – mi red de atrapar palabras –
aparece un nombre.
Alguien pensó en mí hoy. Allá lejos.
Un mensaje palpita intermitente frente a mí
como un pequeño corazón azul.
Quién te hubiese dicho Flaubert
que tu correspondencia con George Sand
pudo haber sido inmediata.
Nada de escribir a la luz de las velas.
O esperar al caballo o al cartero.

Wunder

Auf dem Bildschirm – mein Teleskop zum Kosmos –
       – mein Netz zum Wörterfang –
erscheint ein Name.
Jemand hat heute an mich gedacht. In der Ferne.
Eine Botschaft zuckt vor mir
wie ein kleines blaues Herz.
Wer hätte dir, Flaubert, gesagt,
dass du ohne Verzug
mit George Sand hättest Briefe wechseln können.
Kein Schreiben bei Kerzenlicht.
Kein Warten auf das Pferd oder den Postboten.

Leyenda mora
Versión moderna

Veo de lejos la tierra que dejé.
Lloro como mujer
lo que no supe defender como hombre.

Maurenlegende
Moderne Version

Ich sehe von fern das Land, das ich verließ.
Ich beweine als Frau,
was ich als Mann nicht zu verteidigen wusste.

Carlos, ojalá las hormiguitas no te lo cuenten

Qué suerte la tuya de estar muerto,
Carlos Fonseca;
qué suerte que la tierra te proteja y te ciegue,
que ningún Nazareno impertinente pueda decirte ya
»levántate y anda«
que sea sólo poesía la frase de Tomás
de que sos de los muertos que nunca mueren.

En el Motastepe la grama borra las siglas del FSLN;
pero es más lo que se ha borrado, mucho más.
Hay mucha más ceniza que la de tus pobres huesos;
la ceniza de tantos sueños se alza hoy en espirales
sobre el verdor siempre igual y feroz de Nicaragua:
pero también es algo más que los sueños
lo que se ha hecho humo,
lo que se ha muerto y lo que a diario nos persigue
con su olor a carroña.

Es tu muerte, Carlos y la de tantos otros
la que hoy alza su dedo acusador y nos confronta
con nuestra propia miseria.
Porque ya no somos aquellos que juramos ir hacia el sol
de la libertad.
No somos aquellos de las plazas, de las
consignas guerrilleras,
de la mirada limpia y la frente en alto.
Nos tomamos el Cielo por asalto
pero qué lejos estuvimos de ser ángeles
qué pronto cometimos el pecado del orgullo
hasta que la súbita e implacable espada de fuego
nos cerró estrepitosamente y sin remedio
las puertas del Paraíso.

Carlos, hoffentlich erzählen Dir die Ameisen nichts

Welch ein Glück, tot zu sein,
Carlos Fonseca;
Welch Glück, dass die Erde dich schützt und blind macht,
dass kein dreister Nazarener dir sagen kann
»stehe auf und wandle«,
dass die Aussage von Tomás nur im Gedicht gilt,
wonach du einer der Toten bist, die niemals sterben.

Auf dem Berg Motastepe wächst Gras über die Lettern der
                                                    FSLN;
aber mehr ist ausgelöscht, weit mehr.
Es gibt viel mehr Asche als die deiner armen Knochen;
die Asche so vieler Träume wirbelt heute
über dem immergleichen, wilden Grün Nicaraguas;
aber nicht nur die Träume
gingen in Rauch auf,
alles, was gestorben ist und uns täglich verfolgt
mit dem Geruch nach Verwesung.

Da ist dein Tod, Carlos, und der so vieler anderer,
anklagend hebt er den Finger, stößt uns
auf die eigene Misere.
Wir sind nicht mehr jene, die schworen, zur Sonne,
                                    zur Freiheit zu schreiten,
nicht mehr die Menschen der Plazas, der Guerrilla-Parolen,
des klaren Blicks und der erhobenen Stirn.
Wir haben den Himmel im Sturm genommen,
doch wie weit waren wir davon entfernt, Engel zu sein,
wie schnell fielen wir in die Sünde des Hochmuts,
bis plötzlich das unerbittliche Feuerschwert
klirrend und ausweglos
die Türen zum Paradies verschloss.

Pudimos haber sido humildes penitentes;
reconocer que el poder y sus trampas
nos habían jugado el sucio truco de enredarnos;
pero no Maestro, no Carlos,
el heroísmo, la generosidad se quedaron huecas,
se perdió la vergüenza de la que vos hablaste;
igual que la grama borró las siglas del Mostastepe,
así se borraron los códices donde estaba grabada
la ética, la mística.
Ya no nos reconocemos los unos a los otros;
ya no sabemos quién es quién
ni por qué hemos de seguir adorando a los ídolos
que ya no sólo tienen pies, sino cuerpos de barro.
¡Ah, dolor! Ah, confusión de quienes
                                    se empecinan
en alzar torres que lleguen hasta el Cielo
sin darse cuenta que las lenguas se han
                                    confundido
que ya ni siquiera hablamos el mismo idioma
que, artesanos de una Babel, hemos quedado
a merced de la soberbia.

Es triste pensar que vos que veías aún cuando ya
                                    no podías ver
no nos hayas podido librar de la ceguera;
Nicaragua está triste, Comandante Carlos
triste y pobre, pobre y desempleada
descalza y casi sin esperanzas
mientras tus hijos pelean por tus vestiduras
y pronuncian cada día
tu nombre en vano.

Ojalá que las hormiguitas no te lo cuenten;
que el pueblo te arrope en su pobreza
y te proteja hasta de nosotros mismos.

Wir hätten in Bescheidenheit büßen können;
anerkennen, dass die Macht uns mit schmutzigen Tricks
                                    hereingelegt hat,
wir uns in ihren Fallstricken verfingen;
aber nein, Meister, nein, Carlos,
das Heldentum, die Großherzigkeit wurden hohl,
die Scham ging verloren, von der du sprachst;
so wie das Gras über die Lettern auf dem Motastepe wuchert,
wurden auch die Gesetzestafeln überwuchert, in die
                                    eingeschrieben war
die Ethik, die Mystik.
Wir erkennen einander nicht mehr;
wissen nicht mehr, wer denn wer ist
oder warum wir weiter Idole anbeten sollen
auf tönernen Füßen, mit Leibern aus Ton.
Oh, Schmerz! Oh Verwirrung jener, die hartnäckig
Türme in den Himmel bauen,
ohne zu merken, dass die Zungen sich verwirrt haben,
wir schon nicht mehr dieselbe Sprache sprechen
dass wir, Handwerker Babels, der
Hoffart preisgegeben sind.

Ein trauriger Gedanke, dass du, der du sahst, als du schon
                                    nicht mehr sehen konntest,
uns nicht von unserer Verblendung hast befreien können;
Nicaragua ist traurig, Comandante Carlos,
traurig und arm, arm und arbeitslos,
barfuß und fast ohne Hoffnung,
während deine Kinder um deine Nachfolge streiten
und Tag für Tag
deinen Namen missbrauchen.

Hoffentlich erzählen dir die Ameisen nichts;
das Volk möge dich in seine Armut hüllen
und dich schützen, auch vor uns.

De la sonoridad del eco

Tirada en el sofá
he leído la carta de despedida de Virginia Woolf
a su esposo.
El epitafio que Leonard Woolf
hizo poner bajo el árbol donde enterró sus cenizas:
»Me arrojaré en tus brazos, indestructible
y sin rendirme, Oh, Muerte.«
La cita es de ella. De su libro ›Las Olas‹.

Envuelta en su abrigo de pieles
caminó hacia el río.
De vez en cuando se detenía.
Se inclinaba para recoger un pedrusco.
Lo metía en su bolsa
y continuaba andando.
Cerca del río, Leonard encontró su bastón.
Más abajo su cuerpo.

Larga y delgada
a sus cincuenta y nueve años
apenas podía detener el temblor de sus manos
o encender todas las luces
en la hermosa residencia de su mente.

Cada día le era más difícil escribir.
Y ¿qué vida podía vivir sin escribir,
ella, que disfrutó hasta la saciedad
la encendida luminosidad de su frente?
Sus diarios reportan el deslumbre ante los hallazgos
de la lectura.
Su avidez por la palabra. La terca búsqueda de la combinación
que revelara
la esquiva belleza. El placer innombrable de decir con precisión

Vom Klang des Echos

Auf dem Sofa ausgestreckt
las ich den Abschiedsbrief von Virginia Woolf
an ihren Mann.
Das Epitaph, das Leonard Woolf
unter den Baum setzen ließ, an dem er ihre Asche begrub:
»Unbesiegt und unnachgiebig will ich mich dir
entgegenwerfen, o Tod!«
Das Zitat ist von ihr. Aus ihrem Buch ›Die Wellen‹.

In ihren Pelzmantel gehüllt
wanderte sie zum Fluss.
Von Zeit zu Zeit hielt sie inne.
Bückte sich und hob einen großen Stein auf.
Steckte ihn in ihre Manteltasche
und setzte ihren Weg fort.
Beim Fluss fand Leonard ihren Stock.
Tiefer noch ihren Körper.

Groß und schlank
mit ihren neunundfünfzig Jahren
konnte sie kaum das Zittern ihrer Hände unterbinden
oder alle Lichter
der herrlichen Stätte ihres Geistes entzünden.

Von Tag zu Tag fiel ihr das Schreiben schwerer.
Und welch Leben sollte sie führen ohne die Schrift,
sie, die bis zum Überdruss
das entflammte Leuchten ihres Denkens genoss?
Ihre Tagebücher sprechen vom Staunen bei der Lektüre.
Von ihrer Begierde zum Wort.
Von der unbeirrbaren Suche nach der Verbindung, die
spröde Schönheit enthüllen möge.
Von dem unsagbaren Vergnügen, präzise zu nennen

el atardecer, la luz del faro, el sonido de las olas,
la escena callejera.

Emboscaba el paso sigiloso de la vida
para apresarlo en la página.

Se enfrascaba en el duelo a muerte por el verbo,
por la frase fragante.

Una a una las piedras llenaron sus bolsillos.
Y después fue el agua.
Una mujer sólida y fluida en la correntada fría del río.
Habrá muerto diciendo algún soneto de Shakespeare.

                                                    Lo amaba.

Virginia Woolf apagó su llama
como virgen prudente
indestructible y sin rendirse
al final de aquel último otoño.

¡Ave Virginia!

Dämmerung, Laternenlicht, das Geräusch der Wellen,
eine Straßenszene.

Sie belauerte den geheimen Lauf des Lebens,
fing ihn auf dem Papier ein.

Auf Leben und Tod verstrickte sie sich ins Duell um das Wort,
um den funkelnden Satz.

Stein um Stein füllte ihre Tasche.
Und danach war das Wasser.
Eine Frau, fest und flüssig, im kalten Strömen des Flusses.
Sterbend mag sie ein Sonett von Shakespeare gesagt haben.
                                                    Ihn liebte sie.

Virginia Woolf löschte ihre Flamme
wie eine achtsame Jungfrau
unbesiegt und unnachgiebig
am Ende jenes letzten Herbstes.

Ave Virginia!

Metamorfosis

Llueve a torrentes en mi corazón.

Tengo la patria atravesada en el cuerpo
creciendo sus cordilleras en mis pulmones
extendiendo sus valles en mi vientre,
sus grandes ríos anegando mis piernas.

Descarnada ambulo en las esquinas de este exilio
en otoños e inviernos,
en que mi nombre no se reconoce a sí mismo.
No sé quién soy cuando el verdor se marcha
y el mundo decide morirse de frío
bajo cobijas blancas.

No sé quién soy sin Nicaragua,
sin mis nubes construidas como grandes edificios
en los cielos azules sin mácula.
Sin el Valle Ticomo, el Motastepe, la espuma de terciopelo
                                                    del lago
lamiendo los ajadas ruedos de los volcanes en la madrugada.

Antes. Cuando yo era yo,
cuando mi nombre en mí se reconocía,
me alzaba temprano frente al paisaje.
Veía desde mi ventana
los pájaros dibujando el mundo otra vez
sobre la bruma.

El día avanzaba sobre carreteras
surcadas por apresuradas mujeres balanceando canastos.
Era el mercado y el diapasón de las marchantas
inclinadas sobre cargamentos de frutas y verduras.
Era la tarde y los amigos que aparecían sin avisar

Verwandlung

In meinem Herzen regnet es Sturzbäche.

Die Heimat durchbohrt meinen Körper,
ihre Gebirgsketten erheben sich in meinen Lungen,
ihre Täler erstrecken sich in meinem Bauch,
ihre breiten Flüsse schwemmen in meinen Beinen.

Als Hülle streife ich durch die Winkel dieses Exils,
wenn Herbst und Winter kommen,
mein Name erkennt sich nicht wieder.
Ich weiß nicht, wer ich bin, wenn das Grün vergeht
und die Welt beschließt, unter weißen Decken
vor Kälte zu sterben.

Ich weiß nicht, wer ich ohne Nicaragua bin,
ohne meine wie mächtige Bauten aufgetürmten Wolken
im makellos blauen Himmel.
Ohne das Ticomo-Tal, den Motastepe, den samtigen Schaum
des Sees,
der den runzligen Saum der Vulkane im Morgengrauen leckt.

Einst. Als ich noch ich war,
als mein Name sich in mir erkannte,
stand ich früh im Angesicht dieser Landschaft auf.
Sah von meinem Fenster aus
wie über dem Dunst
die Vögel die Welt aufs Neue zeichneten.

Der Tag schritt auf Landstraßen fort
gefurcht von eiligen Frauen mit schwankenden Körben.
Es war Markt und den Ton gaben die Marktfrauen an,
über Obst- und Gemüseauslagen gebeugt.
Es war Nachmittag und Freunde tauchten unangekündigt auf

para el ron y la plática interminable.
Era el círculo cálido para abrigar los fríos del corazón.

Cuando partí fue como dejarme atrás.
Cada vez que retorno, es mi cuerpo extendido
el que me da la bienvenida.
El bosque, el verdor:
yo misma.

Ruth dijo a Booz: »Tu pueblo será mi pueblo y tu Dios será
                                                      mi Dios.«
Pero mi pueblo sigue siendo mi pueblo.
Y no siento a Dios en los rascacielos.

Mi conciencia está llena de lagos. Imágenes.
La bahía de San Juan del Sur, Masaya, Nindirí,
la somnolencia de Granada, los malinches en la carretera
                                                de Nandaime,
la laguna de Apoyo, el Diriá y San Juan de Oriente;
los aguaceros de mayo, los vientos alisios en diciembre,
el olor a tierra mojada, los chilamates, los ceibos;
el rojo de los crepúsculos, los caballos cruzándose los
                                                      caminos
las caras sonriendo, los chavalos jugando trompo en las
                                                      calles
la somnolencia de largas siestas, las noches de fiesta y
                                                    jolgorio,
la Purísima, la gritería, el limón dulce;
los cipreses frente al cementerio en Matagalpa,
los anturios de Selva Negra, los árboles en flor.

La nostalgia me arranca
de los olmos y alerces
que bordean las grandes avenidas
de la ciudad que habito.

zu Rum und endlosen Gesprächen.
Dort war der herzliche Kreis, der das Herz gegen die Kälte
schützte.

Ich ging und es war, als ließe ich mich selbst zurück.
Bei jeder Rückkehr ist es mein ausgestreckter Körper
der mich Willkommen heißt.
Der Wald, das üppige Grün:
ich selbst.

Ruth sprach zu Boas: »Dein Volk ist mein Volk und dein Gott
ist mein Gott.«
Doch mein Volk bleibt mein Volk.
Ich spüre Gott nicht in Wolkenkratzern.

Mein Denken ist erfüllt von Seen. Bildern.
Die Bucht von San Juan del Sur, Masaya, Nindirí,
die Schläfrigkeit von Granada, die Malinche-Bäume an der
Landstraße nach Nandaime,
die Lagune von Apoyo, Diriá und San Juan de Oriente;
die Regengüsse im Mai, die Passatwinde im Dezember,
der Geruch nach feuchter Erde, Chilamate- und Kapokbäume;
das Rot der Dämmerung, auf den Wegen sich kreuzende
Pferde,
lächelnde Gesichter, Kreisel spielende Jungen auf den Straßen,
die Dämmrigkeit langer Siestas, Abende ausgelassenen
Feierns,
die Jungfrau, das Geschrei, süße Zitronen;
die Zypressen vor dem Friedhof in Matagalpa,
die Anthurien von Selva Negra, in Blüte stehende Bäume.

Die Nostalgie reißt mich fort
von den Ulmen und Lärchen,
die in der Stadt, in der ich wohne,
die breiten Straßen säumen.

No tengo ojos para el césped
perfectamente verde y domesticado.

Pasan los días sin que yo los viva.

Soy añoranza
vestida de mujer.

Ich habe keine Augen
für tadellos grünen, gezähmten Rasen.

Die Tage vergehen, doch lebe ich sie nicht.

Ich bin Sehnsucht
verkleidet als Frau.

Mujer de humo

Soy mujer de humo.

A media noche
Mi cuerpo es una espiral gris
Que se deshace en el aire.

En mi estómago se almacenan las emociones
Con que el día me ha alimentado
La sensación de que en algún momento me perdí
Y que ahora paso el tiempo
Intentando juntar trozos de mí.

Muestro al mundo una identidad
Que cada día debo inventar
Piso las horas y las cortinas del sol
Con pasos firmes
Pero soy un amasijo de confusiones.

¿Quién es esta extraña que habito
En habitaciones cómodas y sosegadas?
¿De qué miedos me evado pretendiendo que vivo
Luciendo apenas la vida sobre los hombros
Como una cobija para ocultarme de la muerte?

¡Sírvanme vino!
Aparten de mí estas certezas mortíferas
Que me cercan como carceleros fantasmas.

Frau aus Rauch

Ich bin eine Frau aus Rauch.

Um Mitternacht
Ist mein Körper eine graue Spirale,
Die sich in Luft auflöst.

In meinem Magen lagern die Emotionen,
Mit denen der Tag mich gefüttert hat,
Das Gefühl, dass ich mich irgendwann verlor
Und jetzt die Zeit mit dem Versuch verbringe,
Mich stückweise zusammenzufügen.

Ich zeige der Welt eine Identität,
Die ich täglich neu erfinden muss,
Ich beschreite die Stunden und die Sonnenvorhänge
Mit festem Tritt
Bin aber ein Häuflein Verworrenheit.

Wer ist diese Fremde, die ich bewohne
In bequemen, befriedeten Räumen?
Vor welchen Ängsten fliehe ich, wenn ich vorgebe zu leben,
Das Leben gerade einmal um die Schultern geschlagen
Wie ein Tuch, mich vor dem Tod zu verbergen?

Schenkt Wein ein!
Nehmt diese tödlichen Gewissheiten von mir,
Gefängniswärter, die mich einkreisen, Gespenstern gleich.

Rayuela

Salto
sobre los cuadros toscos
de la rayuela
la piedra pasa de un día al otro
un pie
un pie
abro las piernas
brazos en cruz
un pie
un pie
la ranura que separa los días
es un abismo

¿qué pasa entre un día
y el otro?

¿qué se escapa
por las ranuras?
¿qué vida se vive
cuando no se alcanza

el círculo

del cielo?

Himmel und Hölle

Ich springe
über die rohen Vierecke
von Himmel und Hölle
der Stein fliegt von einem Tag zum anderen
ein Fuß
ein Fuß
ich spreize die Beine
breite die Arme aus
ein Fuß
ein Fuß
die Rille zwischen den Tagen
ist ein Abgrund

Was geschieht zwischen einem Tag
und dem anderen?

Was macht sich
über die Rillen davon?
Welch Leben lebst du
erreichst du nicht

den Kreis

des Himmels?

De los placeres accesibles

Detenerse en la heladería.
Círculos, túneles de colores tras el mostrador
y la dueña con la cuchara honda
escanciando la gélida dulzura sobre los barquillos
cuyo crujido mis dientes adivinan.

Con precisión imparto las instrucciones.
Pido el helado suave que sale voluptuoso de la
                                        máquina
– el que me recuerda el Tastee Freeze
que estaba a media cuadra de la tienda de mi papá
en la Avenida Roosevelt.
Tiembla el cuerpo de pulido metal de la máquina
sobre el que se condensa la humedad
en una película opaca.
Del grifo desciende el grueso chorro de helado
a posarse sobre la vacía, seca concavidad,
que tiene sabor a hostias prohibidas.
Despacio, como la cintura de una mujer cuando
                                        baila
baja el helado de café. Lo cubre luego el de
                                        chocolate
más denso y oscuro.

Me siento sola en la heladería desierta
y empiezo con mi lengua a lamer los costados del
                                        alto cucurucho,
abandonándome a una infancia perversa.
Hace calor.
Debo hacer mi trabajo con la debida fruición.
Pasar la lengua por la entera circunferencia,
de abajo arriba para que nada se derrame,
para que la superficie adquiera a todo el derredor

Von den erreichbaren Genüssen

Bei der Eisdiele Halt machen.
Kreise, farbige Tunnel hinter der Theke
und die Besitzerin streicht mit tiefem Löffel
eisige Süße auf Waffeln
deren Knuspern meine Zähne erraten.

Ich gebe genaue Anweisungen.
Verlange das weiche Eis, das wollüstig aus der
                                 Maschine quillt
– es erinnert mich an das Tastee Freeze
einen halben Block von Papas Geschäft
auf der Avenida Roosevelt gelegen.
Es bebt der polierte Metallkörper der Maschine,
auf der Feuchtigkeit
zu einem matten Film kondensiert.
Aus dem Hahn dringt der dicke Strahl aus Eis,
trifft auf die leere, trockene Höhle,
die nach verbotenen Hostien schmeckt.
Langsam, wie die Taille einer tanzenden Frau,
windet sich das Kaffeeeis herab. Wird dann vom
                                 Schokoladeneis bedeckt,
das dichter und dunkler ist.

Ich fühle mich allein in der leeren Eisdiele
und beginne, mit der Zunge die Seiten der hohen
                                 Waffel zu schlecken,
gebe mich einem perversen Kindsein hin.
Es ist heiß.
Ich muss meine Arbeit mit dem gebotenen Eifer
                                 erledigen.
Mit der Zunge über den gesamten Kreis fahren,
von unten nach oben, damit nichts kleckert,
damit die Oberfläche rundum

la suavidad y tersura de un perfecto gorrito de
duende polar e imaginario.
Cierro los ojos. Saboreo. Gozo.

No sólo de pan
vive la mujer.

weich und glatt wird, ein prima Mützchen für einen Märchenwicht am Polarkreis.

Ich schließe die Augen. Schmecke nach. Genieße.

Die Frau
lebt nicht von Brot allein.

Incomunicados

Hoy fue un día en que nada amable sucedió.
No hubo incendios de mi piel al lado de la tuya,
sino más bien la inquietante sensación
de que en la vida que juntos transcurrimos
uno de los dos era agua
y el otro, tenaz y denso aceite.
En tiempos como éstos
las palabras abundan y cruzan de mi lado a tu lado
sin efecto y sin rastro.
De lo dicho sólo permanece el chasquido de las vocales
y las consonantes,
el sonido del látigo inútil,
el aire a fieras sueltas e indomables.
Múltiples argumentos
van y vienen sobre el pasillo oscuro
donde alguien cerró todas las puertas.

Nicht verbunden

Heute war ein Tag, an dem nichts Angenehmes geschah.
Es gab keinen Brand auf meiner Haut neben der deinen,
sondern eher das verstörende Gefühl,
dass in dem gemeinsam verbrachten Leben
einer von uns Wasser war
und der andere zähes, dickflüssiges Öl.
In Zeiten wie diesen
mangelt es nicht an Worten, die von mir zu dir kreuzen,
ohne Wirkung, ohne Spur.
Vom Gesagten bleibt nur der harte Klang von Vokalen
und Konsonanten,
das unnütze Knallen der Peitsche,
in der Luft wilde Tiere, losgelassen, unbezähmbar.
Vielerlei Argumente
kommen und gehen über den dunklen Gang,
auf dem jemand alle Türen geschlossen hat.

Retrato de ciudad

Sal en la herida.
Garras.
En carretas de bueyes
bajan despedazados árboles
hacia anónimas piras funerarias.
Transeúntes
oscuros
ambulan orillas
bordeando muertes involuntarias.
En la esquina
el hombre agita billetes bajo el sol.
De lentos buses
se desgaja la gente como racimos
piernas se mezclan con picos de aves
que cuelgan defenestradas, yertas.
Trabajosamente se abre paso
la arena el cemento
el obrero amarra pañuelos sobre la frente
del mediodía.
El taxi de las mil reparaciones
rueda sobre el caucho desigual.
Distraído el chófer se detiene
donde mejor le parece.

Sal en la herida.
Una ciudad con cientos de peatones
sin pases indicados para ellos.
Los carros a toda velocidad.
La mujer con el niño cruza la calle.
Cierra los ojos.
Llegar al otro lado es tan incierto.
pero se hace hábito la incertidumbre.
Hay que correr. El niño se lanza sobre el parabrisas.

Bildnis einer Stadt

Salz in der Wunde.
Krallen.
Auf Ochsenkarren
fahren zerstückelte Bäume
zu anonymen Scheiterhaufen.
Dunkle
Passanten
wandern an Ufern entlang
an unfreiwilligen Toden vorbei.
An der Ecke
wedelt ein Mann Scheine in der Sonne.
Aus langsamen Bussen
lösen sich Menschentrauben
Beine verheddern sich mit Vogelschnäbeln
die abgestürzt und starr herunterhängen.
Mühsam bahnt sich seinen Weg
der Sand der Zement
der Arbeiter bindet Taschentücher um seine
mittägliche Stirn.
Das Taxi mit seinen zahllosen Reparaturen
rollt auf ungleichem Gummi.
Zerstreut hält der Fahrer
wo es ihm gerade gefällt.

Salz in der Wunde.
Eine Stadt mit Hunderten von Fußgängern
ohne für sie ausgewiesene Übergänge.
Rasende Autos.
Eine Frau mit Kind im Arm kreuzt die Straße.
Schließt die Augen.
Auf die andere Seite zu kommen ist so ungewiss.
Doch die Ungewissheit wird zur Gewohnheit.
Laufen muss man. Ein Kind stürzt sich auf die Windschutzscheibe.

Con el trapo sucio, mojado.
Fingiendo ignorar el desprecio.
La anciana con el cartelón sobre el pecho
muestra sus pies, sus piernas, su rostro
carcomido por el hambre y la mendicidad.

Sal en la herida.
Garras.
Laberintos para no mirar.
Desde mullidos asientos, el radio,
el aire acondicionado, el celular.
La vida es otra para otros.
Las fuentes. Las luces de neón.
Flor de Caña. Coca-Cola. Cerveza Victoria.
Los cigarrillos. La rotonda de los vicios.
La catedral atrás espera esconderse un día
tras un bosque de palmeras.
En el centro del esplendor, ir de compras.
Mas tarde ir a rezar por los que no alcanzaron
el umbral iluminado del centro comercial.
Rezar es cómodo. La catedral es fresca y silenciosa.
No se oye llorar. Ni los frenazos. Ni el niño
                                    atropellado.

Crecen abismos sobre la ciudad.
La falla del alma hendida por la indiferencia
se acrecienta.
No pasa nada aquí. Ya no hay guerra.
Sólo pandillas y drogas en los barrios.
Y las muchachas en las esquinas. Casi adolescentes.
Faldas apretadas. Cuerpos redondos y hermosos.
La noche les da de comer sin inocencia.
Se pintan la cara
igual que la ciudad enciende nuevos monumentos.

Mit einem schmutzig feuchten Lappen.
Tut, als bemerke es die Verachtung nicht.
Eine alte Frau mit einem Pappschild auf der Brust
zeigt ihre Füße, ihre Beine, ihr Gesicht
zerfressen vom Hunger und vom Betteln.

Salz in der Wunde.
Krallen.
Labyrinthe, um nicht zu sehen.
Von gepolsterten Sitzen aus, mit Radio,
Air Condition, Mobiltelefon.
Das Leben ist anders für andere.
Die Brunnen. Neonlichter.
Flor-de-Caña-Rum. Coca-Cola. Victoria Bier.
Zigaretten. Das Rondell der Laster.
Im Hintergrund hofft die Kathedrale,
eines Tages von einem Palmenwald versteckt zu sein.
Umgeben von Glanz einkaufen gehen.
Später beten gehen für die, denen sie verwehrt blieb,
die erleuchtete Schwelle des Einkaufszentrums.
Beten ist bequem. Die Kathedrale ist kühl und still.
Man hört kein Weinen. Auch kein Bremsen. Kein überfahrenes
                                                          Kind.

Abgründe wachsen in der Stadt.
Die Fehlfunktion der von Gleichgültigkeit durchbohrten Seele
nimmt zu.
Hier passiert nichts. Der Krieg ist vorbei.
Nur Banden und Drogen in den Vierteln.
Und die Mädchen an den Straßenecken. Fast noch Teenager.
Enge Röcke. Runde, schöne Körper.
Die Nacht gibt ihnen ohne Unschuld zu essen.
Sie schminken ihr Gesicht
wie die Stadt neue Denkmäler anstrahlt.

Sal en la herida.
Calles se enrollan alrededor de mi cuello.
Boa constrictor. Serpiente emplumada.
Dejé las plumas de colores en esta esquina. Al borde de esta

acera.

Pero mis ojos tienen una manera terca
de escudriñar el ruido. Un empecinamiento.
Una obsesión de buscar el atajo
por donde pueda filtrarse un asomo de claridad.
Quizás se despabilen las miradas jóvenes.
Quizás alguien logre esquivar el lodo.

Garras descienden sobre mi ciudad.
A la orilla del lago se alzará una cruz.
Una cruz enorme.

Y yo quisiera no saber como sé
quienes serán los crucificados.

Salz in der Wunde.
Straßen winden sich um meinen Hals.
Boa Constrictor. Gefiederte Schlange.
Die bunten Federn ließ ich an dieser Ecke. An diesem
                                                    Randstein.
Doch meine Augen haben eine hartnäckige Art
den Lärm zu durchdringen. Eigensinnig sind sie.
Auf der besessenen Suche nach dem Seitenweg
durch den ein kleiner Lichtstrahl dringen könnte.
Vielleicht schärfen sich die jungen Blicke.
Vielleicht gelingt es einem, den Morast zu umgehen.

Krallen fahren nieder auf meine Stadt.
Am Seeufer wird sich ein Kreuz erheben.
Ein riesiges Kreuz.

Und ich wollte, ich wüsste nicht so genau,
wer die Gekreuzigten sein werden.

Presagios de la lluvia

A pedradas nos agarra el cielo.
Llueve sobre Managua.
Agua fuerte.
Aguafuerte de tardes cálidas
donde el verdor se incendia de humedad
y el vaho de un triste augurio
escribe nubes espesas.

Dioses deslenguados
lanzan mensajes sobre nuestra enclenque ciudad
de agujeros innumerables.
¿Qué dice la lluvia?
¿Qué nos advierte el desastre de los cauces
desangrándose en correntadas?
Apenas ha empezado Octubre
y un invierno agonizante nos cubre de prisas,
                                        paraguas
y deltas de fango en las esquinas.
Llueve agua sobre Sodoma y Gomorra
y la mujer de Lot no tiene siquiera la salvación
de quedar convertida en estatua de sal.

Ah, de quien se atreva a volver a ver hacia atrás
el agua, más insidiosa que el fuego, lo disolverá,
un vendaval de ceguera lo arrastrará
como endeble barco de papel
abandonado de la mano de algún olvidadizo capitán.

Ah, pero sordos a los malos presagios
nos encaminamos a la debacle saltando sobre
                                        charcos
alegremente remangándonos los pantalones.

Vorzeichen des Regens

Mit Steinschlägen packt uns der Himmel.
Es regnet auf Managua.
Ausradierendes Wasser.
Radierung warmer Nachmittage,
an denen das Grün in Feuchtigkeit entflammt
und der Dunst eines traurigen Omens
dicke Wolken schreibt.

Lästernde Götter
werfen Botschaften auf unsere kränkliche Stadt
mit ihren zahllosen Löchern.
Was sagt der Regen?
Wovor warnt uns das Desaster
der zu Strömen verblutenden Bäche?
Der Oktober hat kaum begonnen
schon überzieht uns ein todgeweihter Winter mit Hast,
                                        Regenschirmen
und schlammigen Deltas an den Straßenecken.
Es regnet Wasser auf Sodom und Gomorrha
und Lots Frau bleibt nicht einmal die Rettung,
zur Salzsäule verwandelt zu werden.

Ach, wer es wagt, sich umzudrehen,
den wird das Wasser, tückischer als Feuer, auflösen,
mitreißen wird ein Sturm von Blindheit ihn
wie ein dünnes Papierschiffchen,
der Hand eines zerstreuten Kapitäns entglitten.

Ach, aber taub für böse Vorzeichen
gehen wir dem Verhängnis entgegen, über Pfützen
                                        springend,
krempeln fröhlich die Hosen hoch.

Desde las cloacas, las ranas emiten cantos de
                                                    sirenas
y cientos de rostros escuchan voces
que hablan de redenciones falsas.
Danza la gente mientras el cielo a pedradas
advierte del inminente infortunio.

¡Ah, ciudad! Ah, país de furioso destino;
país amante, mi amante de rayos y tormentas
de tardes engañosamente plácidas.
Noches en que fuentes de pérfida grandeza
ensangrientan la oscuridad con los rojos reflejos
de un pasado que insiste en llamarse futuro.

Falsos profetas predican bajo el aguacero
la seductora verdad de la mentira.
Una palabra indebida, sin embargo,
y todo el acto de prestidigitación
se desplomaría.
El sombrero de mago dispararía balas
en vez de palomas o conejos.
Quedaría en evidencia la baraja marcada
conque viejos productos se venden como nuevos
a precios de oportunidad.

Estamos entre el aguacero y la descarga
atrapados en las correntadas de la perdición.
A diario sobre Managua
llueve a pedradas para que despertemos.
Aún habría tiempo para sacarnos el sol de
                                                    la manga
e iluminar el escenario crepuscular
de nuestra Historia.
Sólo hacen falta las manos.
para detener la inundación;

Aus den Kloaken lassen die Frösche Sirenengesang ertönen
und Hunderte von Gesichtern lauschen Stimmen,
die von falschen Erlösungen sprechen.
Es tanzen die Menschen, während der Himmel mit Steinschlägen
von nahendem Unglück kündet.

Ach, Stadt! Ach, Land des zornigen Schicksals;
Land, mein geliebtes, einem Geliebten gleich aus Donner
und Blitz,
mit deinen trügerisch friedlichen Nachmittagen.
Nächte, in denen Quellen perfider Pracht
die Dunkelheit mit dem roten Widerschein
einer Vergangenheit erbluten lassen, die sich beharrlich Zukunft
nennt.

Falsche Propheten predigen im Wolkenbruch
die verführerische Wahrheit der Lüge.
Doch ein unpassendes Wort
und alle Gauklerei
zerfiele.
Aus dem Zauberhut schössen Kugeln
statt Tauben oder Kaninchen.
Offen läge die gezinkte Karte,
mit der alte Produkte sich verkaufen wie neue
zu Schnäppchenpreisen.

Wir befinden uns zwischen Wolkenbruch und Entladung,
erfasst von der Strömung des Verderbens.
Täglich regnet es auf Managua
mit Steinschlägen, damit wir erwachen.
Noch wäre Zeit, die Sonne aus dem Ärmel zu ziehen
und die Dämmerungsszenerie
unserer Geschichte zu erhellen.
Nur die Hände sind vonnöten,
um die Überschwemmung aufzuhalten;

las manos y la valentía
de nadar contra la corriente.

La lluvia nos está hablando.
El cielo nos advierte a lágrima desbocada
los innumerables peligros del lodo
las correntadas, las avalanchas.
¡Escuchemos los presagios!
Lo digo en este crepúsculo de
primeros días de octubre
bajo un cielo profundamente anaranjado.

die Hände und der Mut
gegen den Strom zu schwimmen.

Der Regen spricht zu uns.
Der Himmel warnt uns mit zügellosen Tränen
vor den unzähligen Gefahren des Schlamms,
der Ströme, der Erdrutsche.
Achten wir der Vorzeichen!
Ich sage es in dieser Dämmerung
der ersten Oktobertage
unter einem in tiefes Orange getauchten Himmel.

Rumiando

En la pradera de mi corazón
tu recuerdo sale a pastar de noche;
negra silueta de testa altanera
que me ronda desnuda
bajo la incandescente luz de la luna.

Rumiante adorable
del pasto de mi alma
te comés todas las flores salvajes:
margaritas, lavandas, ásperas hojas espinosas.
Te alimentás del heno de mis sueños
y de las vueltas y vueltas que doy sobre la cama
buscándote en las suaves almohadas engañosas.

Toro, ternero, animal nocturno
oigo tu boca rumiar palabras ausentes.

Estos días no se volverán a repetir.
Sus pasajeros dones no los compartiremos.

Por eso
en paisajes disímiles
a través de cercas que la noche alumbra
masticamos
nutricias escenas
imaginarias.

Wiederkäuend

Auf den Auen meines Herzens
geht deine Erinnerung nachts grasen;
schwarze Silhouette mit stolz erhobenem Kopf,
die mich umkreist, nackt
unter weiß schimmerndem Mondlicht.

Geliebter Wiederkäuer
der Wiese meines Herzens,
alle wilden Blumen rupfst du dir:
Margeriten, Lavendel, herbe Dornenblätter.
Du nährst dich von den Gräsern meiner Träume
und meinem Hin- und Herwälzen auf dem Bett
dich suchend in den weichen, trügerischen Kissen.

Stier, Kalb, nächtliches Tier,
abwesende Worte höre ich deinen Mund murmeln.

Diese Tage werden keine Wiederholung kennen.
Ihre vorübergehenden Gaben werden wir nicht teilen.

Deshalb
kauen wir
in ungleichen Landschaften
durch von der Nacht erhellte Zäune
nahrhafte Szenen
der Phantasie.

Secreto de mujer

A cierta hora del día
ciertos días
la noción de ser hembra
emerge como espuma
y sube hacia los contornos de mi cuerpo.

Plexo solar, muslos, brazos
se esponjan de una sensualidad
que va mucho más allá del sexo.
El regocijo interno,
el perfecto balance de alma y cuerpo.
me posee en un aire de águila y paloma
desde el que se me otorga percibir
la exacta redondez y tersura de las cosas.
Desde los tobillos
un efluvio circular asciende a los sentidos
como si habitada por el antiguo poder de
                              lo femenino
dejara de ser yo material y limitada
para transmutarme en el ala del ave
que, tensando los músculos,
vuela íngrima y absorta hacia el sol.
¿Quién dijo que soy débil?
¿Quién se atrevió a compadecerme?
En esos momentos
del impúdico goce de saber qué soy
pienso que debería, por decoro, taparme el rostro
el brillo sostenido, directo, de los ojos
para que ni los hombres,
ni los animales domésticos del vecindario
intuyendo mi olor a pájara o semilla germinada.
salieran en pos de mí
queriendo poseer la esencia de mi fuerza.

Weibliches Geheimnis

Zu einer bestimmten Tageszeit
an bestimmten Tagen
steigt die Erkenntnis, Frau zu sein
wie Schaum empor
und drängt gegen die Umrisse meines Körpers.

Sonnengeflecht, Schenkel, Arme
saugen sich voll Sinnlichkeit,
die das Sexuelle weit übersteigt.
Das innere Wohlgefühl,
die perfekte Balance von Körper und Seele
besetzt mich mit einem Hauch von Taube und Adler,
in dem es mir gewährt ist,
die exakten Wölbungen und die Glätte der Dinge zu erspüren.
Von den Fesseln empor
treibt ein kreisendes Fluidum mir in die Sinne,
als wäre ich, von alter weiblicher Kraft durchströmt,
nicht mehr Materie und begrenzt,
sondern verwandelt in den Flügel des Vogels
der, die Muskeln gespannt,
einsam und gebannt sonnenwärts fliegt.
Wer sagte, ich sei schwach?
Wer wagte, mich zu bemitleiden?
In diesen Augenblicken
der schamlosen Lust zu wissen, was ich bin,
überlege ich, ob ich nicht aus Anstand das Gesicht
                                    bedecken sollte,
den anhaltenden, unbeirrten Glanz meiner Augen,
damit weder die Menschen
noch die Haustiere aus der Umgegend,
meinen Geruch nach Vogelfrau oder keimendem Samen witternd,
an meine Fersen sich heften
um sich meiner innersten Kraft zu bemächtigen.

Como toda mujer que se precia de serlo,
cierro con un candado de llaves imposibles
la secreta noción de mi poder
y aparezco ante los demás
sin delatarme.

Wie jede Frau, die sich als solche rühmt,
versperre ich mit einem Schloss unmöglicher Schlüssel
das geheime Wissen meiner Macht
und erscheine vor den anderen
ohne mich zu verraten.

Caminata matutina

A la orilla del mar
el tiempo tiene su propio andar y es azul.

Soy una mujer que camina por las mañanas
entre palmeras
contemplando el océano a sus pies,
la que apacigua olas embravecidas
puliendo la piedra poma de su corazón.

Bordeando helechos y macizos de flores violeta
voy por la vereda donde pasean los ancianos
donde las madres se sientan a amamantar a sus
                                                                    niños.

Esta humanidad celebra la luz y la brisa
y se goza con los jardines de rosas.

En el pasto, el hombre mayor se sienta a meditar
con los ojos cerrados
espalda a espalda con el joven
en posición de loto.
El hombre mayor inmóvil mientras el muchacho
                                                    se balancea casi
imperceptiblemente y sus ojos parpadean.

Quisiera ser como los ángeles
que escuchan los pensamientos secretos de los
                                                            hombres.

Pasa una mujer con su perro de pelo brillante.
Una niñera de mirada ausente cuida al niño
                                                    pelirrojo.

Morgendliche Wanderung

Am Meeresufer
hat die Zeit ihre eigene Gangart, ist blau.

Ich bin eine Frau, die morgens
zwischen Palmen wandert
und den Ozean zu ihren Füßen beschaut,
von heftigen Wellen besänftigt,
die den Bimsstein ihres Herzens polieren.

Vorbei an Farnen und Blumentöpfen mit Veilchen
gehe ich die Promenade entlang, wo die Alten spazieren,
wo Mütter sich setzen, um ihre Kinder zu stillen.

Die Menschheit preist das Licht und die Brise
und man erfreut sich der Rosengärten.

Auf die Wiese setzt sich der ältere Herr und meditiert
mit geschlossenen Augen,
Rücken an Rücken mit dem jungen Mann
im Lotussitz.
Der ältere reglos, während der jüngere fast
                                        unmerklich
schwankt, mit bebenden Lidern.

Wie die Engel wär ich gern
die der Menschen geheimen Gedanken lauschen.

Eine Frau kommt vorbei, ihr Hund mit glänzendem
                                        Fell.
Ein Kindermädchen mit abwesendem Blick hütet
                                ein rothaariges
Kind.

Si pudiera escucharlas
me sentiría menos sola.

Las grandes ciudades tienen su manera de ser playas
y los seres humanos nuestro modo de ser arena
                                    diminuta
en la marea constante de la vida.

Könnte ich ihnen doch nur lauschen,
würde ich mich weniger einsam fühlen.

Die großen Städte sind auf ihre Art Strände
und wir Menschen in ihnen auf unsere Weise winzige
                                    Sandkörner
in den unablässigen Gezeiten des Lebens.

Canción de cuna para un país suelto en llanto

En la imagen del satélite
el huracán Mitch
me recordó la primera vez
que vi hacer algodón de azúcar.

Memoria dulce de la infancia
suplantada por esta otra,
amarga imagen
del cielo lanzando las aguas del diluvio sin aviso,
sin que ningún Noé de barba blanca
diera la voz de alarma
y nos acogiera en el refugio del Arca.

El agua se hizo lodo y habitó entre nosotros.

Un retumbo de volcán ahogado
y la gente fue arrancada de cuajo de la tierra,
del calor de los suyos.
Sólo quedó en sus pupilas la visión del último invierno de
                                               sus vidas.

¿Dónde escondo este país de mi alma
para que nadie más me lo golpee?

Nicaragua herida sangra lodo
por las llagas abiertas de su corazón.

¿Quién te sanará país pequeño?
¿Quién te protegerá
ahora que hasta los volcanes
doblan la cresta anonadados
y llega el turno de sobar la piel de los ríos
y calmar la fiebre de los lagos?

Wiegenlied für ein in Tränen aufgelöstes Land

Auf dem Satellitenbild
erinnerte mich der Hurrikan Mitch
an das erste Mal,
als ich Zuckerwatte machen sah.

Süße Kindheitserinnerung
von dieser anderen überdeckt,
dem bitteren Bild
des Himmels, der unangekündigt die Wasser der Sintflut loslässt,
ohne dass ein weißbärtiger Noah
Alarm ausruft
und uns im Schutz der Arche aufnimmt.

Das Wasser wurde Schlamm und nistete sich bei uns ein.

Ein ersticktes Vulkandröhnen
und die Menschen wurden spurlos der Erde,
der Wärme der Ihren entrissen.
In ihren Pupillen blieb nichts als das Bild des letzten Winters
ihres Lebens.

Wo verstecke ich nur dieses geliebte Land,
damit niemand mehr darauf einprügeln kann?

Das verletzte Nicaragua blutet Schlamm
aus den offenen Wunden seines Herzens.

Wer wird dich heilen, kleines Land?
Wer dich beschützen,
jetzt, wo selbst die Vulkane
ihre zerstörten Kämme beugen
und es gilt, die Haut der Flüsse glatt zu streichen
und das Fieber der Seen zu senken?

¿Quién, después de la cólera y el trueno,
te cantará una canción de cuna para apaciguarte
para que volvás a tener fe
y te alcés sobre verdes montañas
a divisar el horizonte?

¿Qué nos estás diciendo vos,
mi país de los aguaceros inclementes
agitando tu pecho suelto en llanto?

¿Será la lluvia un clamor?
¿Será país de mis selvas,
que tu canto de agua implora que te lavemos las heridas,
que te acunemos como niña cansada de llorar,
para que deponiendo nuestra humana miseria
arrullemos el trueno de tu desesperación?

Mi tierra de fuego y de agua
Hablaste con voz ronca de país endiablado.
Shsssss. Callate ya, paisito cansado de llorar.

¿Quién le canta una canción de cuna a Nicaragua?

Empecemos. Hagámoslo todos.
Hagamos la claridad
en este nuestro país suelto en llanto.

Dormite Nicaragua.
Dormite mi amor.
Dormite paisito de mi corazón.

Wer wird dir, nach dem Zorn und dem Donner,
ein Wiegenlied singen, dich besänftigen,
auf dass du wieder Vertrauen schöpfst
und dich auf grüne Berge erhebst,
den Horizont zu erblicken?

Was sagst du uns,
mein Land der unbarmherzigen Wolkenbrüche,
in Tränen aufgelöst, mit bebender Brust?

Ist der Regen vielleicht ein Schrei?
Mag es sein, mein Urwaldland,
dass dein Wassergesang uns anfleht, deine Wunden zu waschen,
dich wie ein vom Weinen müdes Kind zu wiegen,
damit wir, von unserem menschlichen Elend absehend,
den Donner deiner Verzweiflung einlullen?

Du Heimat aus Feuer und Wasser.
Sprichst heiser wie ein verworfenes Land.
Schschsch. Sei ganz ruhig, mein kleines vom Weinen müdes Land.

Wer singt Nicaragua ein Wiegenlied?

Beginnen wir. Lasst es uns alle tun.
Lasst uns Licht bringen
in unser in Tränen aufgelöstes Land.

Schlafe, Nicaragua, schlaf ein.
Schlafe beim silbernen Schein.
Schlafe, mein Herzblatt, schlaf ein.

Mensaje al final del año 2001

Las campanas doblaron tantas veces este año
que preguntamos – retóricamente – por quién doblaban
sabiendo demasiado bien la respuesta.
Ha llovido fuego sobre Nueva York, Tora-Bora, Gaza, Tel-Aviv.
Uno busca plumas y abanicos para espantar el humo de
                                                    los incendios
y abrirle al ojo la claridad por donde mirar más allá de
                                                    cráteres y de ruinas.
Pero los bordes de la ciudad de los días por venir
son como espejismos que se alzan y se difuminan.

En la polvareda desaparecen las certidumbres,
igual que los perfiles de los rascacielos
que hace tan poco parecían llamados a sobrevivirnos.

En este paisaje quebrado donde las vidas quedan sobre
                                                    la tierra
como caña de azúcar cortada antes de la miel o del ron,
los que permanecemos corremos a refugiarnos
en la roja palpitación de la única certidumbre segura y cálida:
el abrazo
            el pecho
                    de los que amamos.

Botschaft zum Jahresende 2001

Die Glocken haben dieses Jahr so oft geläutet,
dass wir die – rhetorische – Frage stellten, für wen sie läuteten,
und wissen doch die Antwort nur zu gut.
Feuer hat es geregnet auf New York, Tora-Bora, Gaza, Tel Aviv.
Zu Federn und Fächern greift man, um den Qualm der Brände
                                zu verscheuchen
und dem Auge eine Lichtung zu öffnen, durch die es über
                       Krater und Ruinen hinauszusehen vermag.
Doch die Konturen der kommenden Stadt
sind wie Spiegelungen, die emporsteigen und verwischen.

In der Staubwolke verschwinden die Gewissheiten
gleich den Umrissen der Wolkenkratzer,
die noch vor so kurzer Zeit berufen schienen, uns zu überleben.

In dieser gebrochenen Landschaft, wo Menschenleben am
                            Boden liegen bleiben
wie geschnittenes Zuckerrohr, bevor es Honig wird oder Rum,
laufen wir Verschonten, Zuflucht zu suchen
im roten Pochen der einzig sicheren und warmen Gewissheit:
die Umarmung
       die Brust
             derer, die wir lieben.

Añoranza de Adriana

Canta Adriana
y su voz lejana
su pequeño corazón
que me requiere
y pregunta cuando volverá mamá
es nostalgia que me acompaña
en esta noche de lluvia.

Ya no se dibujarán otra vez
sobre su rostro
las sonrisas y gestos
acaecidos en mi ausencia.

Sentada en la cama del hotel
padeciendo la ceguera de la distancia
la imagino cantando para otro auditorio
que, considerándola suya y cotidiana,
la oye sin deslumbramiento.

Yo ausculto minuciosa su voz
escucho las melodías, los tonos
que el tiempo ha superpuesto
en su tierna garganta.

Tararea mi hija en su infancia feliz.

Largos son mis días sin ella.

Sehnsucht nach Adriana

Adriana singt
und ihre ferne Stimme
ihr kleines Herz,
das nach mir verlangt
und fragt, wann Mamá zurückkommt,
begleitet mich als Wehmut
in dieser Regennacht.

Nie wieder abzeichnen werden sich
auf ihrem Gesicht
Lächeln und Mienen,
die es während meiner Abwesenheit annahm.

Auf dem Hotelbett sitzend
leide ich unter der blinden Entfernung,
stelle mir vor wie sie singt, für ein anderes Publikum,
das sie als selbstverständlich und alltäglich betrachtet
und sie ohne Verzückung vernimmt.

Eingehend lausche ich ihrer Stimme,
höre die Melodien, die Töne,
die sich mit der Zeit
in ihrer zarten Kehle überlagert haben.

Da trällert meine Tochter in ihrem glücklichen Kindsein.

Lang sind meine Tage ohne sie.

Barcos de papel

Le fallaré otra vez
al invierno.
No escucharé
la primera lluvia.
El ratata ratata
del aguacero
sobre el techo de cinc.
No sentiré
el denso olor con que la tierra
presiente el agua
como una mujer
húmeda
antes del amor.
No correré
a cerrar las ventanas
cuando las nubes bajen
y se despeinen en la tarde
sobre la ciudad.
Estaré lejos
una vez más
cuando los árboles
declaren su fertilidad
ante los caminos
flanqueándolos como impúdicas hembras
arreboladas.

Lloverá sobre mi ciudad.
Vendrán las correntadas.
Yo aquí
– espada apartada –
imagino barcos de papel.

Papierschiffchen

Wieder einmal
werde ich die Winterzeit versäumen.
Nicht den ersten Regen
fallen hören.
Das ratata ratata
des Platzregens
auf dem Zinkdach.
Nicht riechen werde ich
den schweren Duft, mit dem die Erde
das Wasser erahnt
wie eine Frau
feucht
vor der Liebe.
Nicht laufen werde ich,
um die Fenster zu schließen,
wenn die Wolken sich senken
und nachmittags zerzausen
über der Stadt.
Wieder einmal
fern sein werde ich,
wenn die Bäume
ihre Fruchtbarkeit verkünden
an Wegen,
die sie säumen wie unzüchtige Weiber
rot geschminkt.

Regnen wird es auf meine Stadt.
Die Ströme werden schwellen.
Ich hier
– die Waffen gestreckt –
stelle mir Papierschiffchen vor.

Depresión

Despierto cuando el sol afuera
teje su luz entre los esqueletos de los árboles.

La muerte que de noche viene
se ha marchado por el resquicio
por donde entró la mañana.

Lentamente regreso de muy lejos a los oficios del día.
En zapatillas, entre los platos del desayuno
repito que me estoy acostumbrando.
Que ya conozco las calles de esta ciudad extraña.
La farmacia. El mercado. El banco. La numeración de
                                   las calles.
El camino hasta mi casa. Los límites de velocidad.
                                Las costumbres
del barrio. Los silencios.
Tengo un horario, una rutina establecida.
Hago algo. Leve quizás, pero algo.
Al atardecer, en la cocina, preparando la cena
descubro que no he pensado en nada a través del día.
He hecho cosas: mandados, el correo, el baño,
escribir cartas, acumular páginas,
sin pensar, ausente de mí misma.

Es la noche otra vez.
Quiero dormir.

Duermo profundamente.
Pienso que el tiempo pasa y que la muerte.

Depression

Ich erwache, wenn die Sonne draußen
ihr Licht zwischen den Skeletten der Bäume webt.

Der Tod, der des Nachts kommt,
hat durch den Spalt sich entfernt,
durch den der Morgen eintrat.

Langsam kehre ich von sehr weit her zu den täglichen Pflichten
zurück.
In Pantoffeln, zwischen dem Frühstücksgeschirr,
sage ich mir wieder, dass die Gewöhnung sich einstellt.
Dass ich die Straßen dieser fremden Stadt nun kenne.
Die Apotheke. Den Markt. Die Bank. Die Nummerierung der
Straßen. Den Weg zu meinem Haus.
Die Geschwindigkeitsbegrenzungen.
Die Gebräuche des Viertels. Die Stille.
Ich habe einen Zeitplan, eine festgelegte Routine mir eingerichtet.
Ich tue etwas. Leichthin vielleicht, aber etwas.
Bei Einbruch der Nacht bereite ich das Abendessen in der Küche
und merke, dass ich den ganzen Tag über an nichts gedacht habe.
Ich habe Dinge getan: Besorgungen, die Post, ein Bad,
Briefe geschrieben, Seiten angehäuft,
ohne zu denken, abwesend von mir.

Es ist wieder Nacht.
Ich möchte schlafen.

Ich schlafe tief.
Denke, dass die Zeit vergeht, und dann der Tod.

Diferencia de perspectivas

En el espejo cotidiano
el tiempo transcurre
paciente y dulcemente.

Cada tantos meses
el descubrimiento de un pliegue:
la risa que empieza a marcar
las comisuras de los labios,
la cara un poco más alargada.
Nada muy grave.
Nada que cause alarmas repentinas.

En la calle, un día de tantos,
me topo con el amigo
que hace diez años no veo.
Se le ha caído el pelo.
Ha engordado.
Está canoso.
Desde su cara, ya sin juventud,
me mira con sorpresa.

Se intercambian saludos,
abrazos,
bromas sobre el paso del tiempo.
Después
cada uno prosigue su camino.

Esta noche
frente al espejo,
pensaré que no estoy tan mal,
que ciertamente
yo he envejecido menos.

Unterschiedliche Perspektiven

Im Spiegel des Alltags
vergeht die Zeit
geduldig und sanft.

Alle paar Monate
die Entdeckung einer Falte:
Das Lachen beginnt
die Mundwinkel zu zeichnen,
das Gesicht etwas länglicher.
Nichts Ernsthaftes.
Nichts, das plötzliche Unruhe auslöst.

Auf der Straße, ein beliebiger Tag,
treffe ich auf einen Freund,
den ich zehn Jahre nicht sah.
Das Haar ist dünn geworden.
Er hat zugenommen.
Er ist ergraut.
Aus seinem Gesicht, das nicht mehr jung ist,
sieht er mich staunend an.

Wir tauschen Grüße,
Umarmungen,
Scherze über das Vergehen der Zeit.
Dann
geht jeder seinen Weg.

Heute Nacht
vor dem Spiegel,
werde ich meinen,
dass ich gar nicht so übel aussehe,
dass zweifellos ich
weniger gealtert bin.

Mientras él
asomado a su propia imagen
se repite exactamente lo mismo…

Während er,
seinem Bild zugewandt,
sich genau das Gleiche sagt …

Lamentación inútil

Hay un cuerpo queriendo nacer
bajo mi cuerpo,
el cuerpo inalcanzable, bello, enhiesto de
                                    la joven que fui,
que sigo siendo cuando cierro los ojos
y rehuso mirarme en el espejo.

Sinnlose Klage

Da steckt ein Körper, der geboren werden will,
in meinem Körper,
der unerreichbare, schöne, aufrechte Körper des jungen
                              Mädchens, das ich war,
das ich weiter bin, wenn ich die Augen schließe
und mich weigere, in den Spiegel zu sehen.

El Siroco

Ábrete Sésamo.
Ábrete la blusa Salomé.

Este viento cálido
evoca tiendas de beduinos en el desierto
danzas de vientre
senos altos y filosos
como cuchillos
en la mirada de los hombres.

Desde el desierto del Mojave
se deja venir el Siroco
migrando hacia el mar en la tarde.
Ya no hay donde esconderse
del aire que lame los dinteles
y levanta un alarido de papeles
– gaviotas efímeras que se desploman
sobre la madera del piso.

No basta que el día haga mutis por el centro
del atardecer.
Hasta la lámpara del escritorio refulge agresiva
mientras entierra los dientes blancos en mi rodilla.

De nada sirve el largo baño
el cabello chorreando
el leve traje.

El desierto ha ocupado mis fosas nasales
y en el esternón me crecen dunas y cactos.

Der Schirokko

Sesam öffne dich.
Öffne deine Bluse, Salome.

Dieser warme Wind
ruft Beduinenzelte in der Wüste hervor
Bauchtänze
hohe Brüste
spitz wie Messer
im Blick der Männer.

Von der Mojave-Wüste her
lässt sich der Schirokko treiben,
zieht des Nachmittags zum Meer.
Kein Ort, wo man sich noch verstecken könnte
vor der Luft, die an den Türschwellen leckt
und sausend Papiere hochschreckt
– kurzlebige Möwen,
die auf den Holzboden herabstürzen.

Es genügt nicht, dass der Tag
den Tiefen der Dämmerung weicht.
Selbst die Schreibtischlampe hat einen aggressiven Glanz
und schlägt ihre weißen Zähne in meine Knie.

Nichts hilft das lange Bad
nass triefendes Haar
ein leichtes Kleid.

Die Wüste hat sich in meinen Nasenhöhlen eingenistet
und am Brustbein wachsen mir Dünen und Kakteen.

Espejismos de la velocidad

Crucé el Atlántico ayer.
Once horas de mi vida
entregadas al aire
al apretujamiento del avión
atestado de trashumantes modernos
cada uno enclaustrado en sí mismo.

Espacio promiscuo el de la cabina.
Brazos y piernas que se rozan
accidentalmente. Maletas de a bordo
que revelan objetos íntimos.
Comer, dormir uno al lado del otro
calores, olores, aliento de vecindario efímero
tribu que cruza el mar adormilada
lista para descender aprisa
y olvidar la pasajera intimidad.

En las inevitables digresiones
del vuelo trasatlántico
cuando la luz tenue y las turbinas
silencian a los viajantes
pienso en barcos y diligencias,
trenes incansables.
Pienso en los días y semanas que tomaba
ir de un país al otro.
En la geografía revelada
la comprobación material de la distancia:
días y noches de aguas irascibles, o de caballos
                                        exhaustos,
de cocheros roncos y malhumorados.
Los paisajes desfilando por las ventanas, la acumulación
                            de atardeceres.

Blendwerk der Geschwindigkeit

Gestern überquerte ich den Atlantik.
Elf Stunden meines Lebens
der Luft anheim gegeben
der Enge im Flugzeug
vollgestopft mit modernen Nomaden
jeder in sich verkapselt.

Ein promisker Raum die Kabine.
Arme und Beine, die sich streifen,
berühren. Bordgepäck,
das intime Dinge offenbart.
Essen, schlafen, einer neben dem anderen,
Wärme, Gerüche, Atem von flüchtiger Nachbarschaft,
ein Volksstamm der schläfrig das Meer überquert,
bereit hastig auszusteigen
und die kurzfristige Intimität zu vergessen.

Bei den unvermeidlichen Abschweifungen
des Transatlantikflugs,
wenn mattes Licht und Turbinenhall
die Reisenden zum Schweigen bringen,
denke ich an Schiffe und Kutschen,
unermüdliche Eisenbahnen.
Denke an die Tage und Wochen, die es brauchte,
von einem Land ins andere zu kommen.
An die enthüllte Geographie,
die materielle Bestätigung der Distanz:
Tage und Nächte auf reizbarem Wasser oder erschöpften
                                        Pferden,
heisere, missmutige Fahrer.
Landschaften defilierten an Fenstern vorbei, ein Abendrot
                                nach dem anderen.

Tiempo para que el cuerpo reconociera al tiempo
y no esta celeridad
que me ha permitido desayunar en Madrid
y cenar en Los Angeles.

¿Dónde estuve si es que estuve?
¿Qué reales fronteras atravesé?
Me pregunto si es verdadera la ausencia
si partir o llegar es un engaño.
O si es que el viejo Calderón acertó
y la vida es nada más este soñar,
este creer que uno llega volando
a donde va.

Zeit für den Körper, die Zeit zu erkennen,
nicht dieses Tempo,
das mir erlaubt, in Madrid zu frühstücken
und in Los Angeles zu Abend zu essen.

Wo war ich, wenn ich denn war?
Welch reale Grenzen habe ich passiert?
Ich frage mich, ob es Abwesenheit wirklich gibt,
ob Aufbrechen oder Ankommen nur eine Täuschung ist.
Ob gar der alte Calderón Recht hatte,
und das Leben nur dieses Träumen ist,
der Glaube daran, dass man im Flug
sein Ziel erreicht.

Premoniciones

Anoche, Adriana
cayó la lluvia de tu primer invierno.
Llovió alrededor de nosotras
en la madrugada
un aguacero sin viento y con relámpagos.
Tantas veces, Adriana, lloverá sobre nuestras cabezas
de mujeres.
Caerán lluvias como ésta, bienhechora.
Pero también los diluvios furiosos del desconcierto.
Todo esto lo ignoras, mi hija,
dormida como duermes tu sueño infantil
plácido y sin sobresaltos.
Sólo yo que contemplo
tu dulce cabeza redonda
sobre la cuna
puedo, de las dos, saber
que más de alguna vez
te desvelarás en la oscuridad
pensando en lluvias
en noches torrenciales.

Vorahnungen

Gestern Nacht, Adriana,
fiel der Regen deines ersten Winters.
In der Morgendämmerung
regnete es um uns herab,
ein windstiller Platzregen mit Blitzen.
Oft, Adriana, wird es regnen
auf unsere Frauenköpfe.
Wohltuende Regen wie dieser werden niedergehen.
Aber auch zornige Güsse der Verwirrung.
All das weißt du noch nicht, meine Tochter,
schlafend in deinem kindlichen Schlummer geborgen,
der ruhig ist und kein Aufschrecken kennt.
Ich allein, deinen zarten runden Kopf
in der Wiege betrachtend,
kann von uns beiden wissen,
dass du öfter als einmal
in der Dunkelheit erwachen
und an Regen
in sintflutartigen Nächten denken wirst.

Y el sueño se hizo carne y habitó entre nosotros

Tu padre y yo te soñamos la misma noche.
A la mañana siguiente, nos sorprendimos
contándonos el mismo sueño.
Desde entonces te andábamos buscando.
Hay niños que se gestan en el vientre.
Y niñas, como vos, Adriana, que se gestan en el corazón.

No me canso de verte
y acurrucarte,
como si haciéndolo todas mis preguntas
encontraran misteriosa respuesta.
Ya no dudaré más sobre las razones para la vida
estando vos hay dulzura en la casa, las cortinas, el sol
                                                    de California.
Se alivia mi nostalgia. Nicaragua, la ausencia.
Encuentro alegrías sin buscarlas
tan solo al oírte gorgojear y escuchar el sonido del sonajero
agitándose loco bajo la torpe voluntad de tu mano.

Der Traum wurde Fleisch und lebte unter uns

Dein Vater und ich träumten dich in derselben Nacht.
Am Morgen darauf überraschten wir uns
damit, den gleichen Traum zu erzählen.
Seitdem waren wir auf der Suche nach dir.
Es gibt Kinder, die im Bauch getragen werden.
Und Mädchen wie dich, Adriana, die man im Herzen austrägt.

Ich werde nicht müde, dich anzusehen,
dich an mich zu drücken,
als fänden so all meine Fragen
geheimnisvolle Antwort.
Kein Zweifel mehr über die Gründe zu leben,
seit du da bist, ist Zärtlichkeit im Haus, die Vorhänge,
                         die Sonne Kaliforniens.
Meine Sehnsucht ist gelindert. Nicaragua, die Abwesenheit.
Ich finde Freuden, ohne zu suchen,
muss nur dein Gurgeln und den Klang der Rassel hören,
wild geschüttelt vom ungelenken Willen deiner Hand.

Adriana

Adriana
posiblemente nunca sabremos
ni vos, no yo,
qué entraña te dio a luz,
qué noche oscura te arrojó en mis brazos.
¡Ah! Mi criatura escogida entre todas las criaturas
tu llanto sube como una fuente hasta mis ojos.
El fiero instinto de protegerte me posee
y te abrazo espantando los malos sueños
apretándote contra mi corazón
como si, sobrevivientes de un naufragio,
dependiéramos tan solo la una de la otra.

Qué misterio este embarazo de tu amor, Adriana,
Nacida te has gestado en mi vientre.

Adriana

Adriana,
wahrscheinlich werden wir niemals wissen,
nicht du noch ich,
welche Tiefen dich gebaren,
welch dunkle Nacht dich in meine Arme warf.
Ach! Mein unter allen Geschöpfen erwähltes Geschöpf,
dein Weinen steigt einer Quelle gleich in meine Augen.
Der wilde Instinkt, dich zu beschützen, hat Besitz von mir
                                                    ergriffen
und ich nehme dich in den Arm, die bösen Träume zu
                                                    verscheuchen,
drücke dich an mein Herz
als würden wir, Überlebende eines Schiffbruchs,
allein eine von der anderen abhängen.

Welch Mysterium, Adriana, schwanger von deiner Liebe zu sein.
Geboren bist du in meinem Bauch herangewachsen.

Tarde de pueblos

Tarde de pequeñas ciudades esta que cruzo
con el alma hecha pájaro.
Alas sobre el verdor de un invierno donde la Tierra
multiplica belleza como para olvidar la pequeñez y oscuridad
de un país ciego a su propia opulencia.
Hay un dibujo de malinches rojos en el camino.
Un temblor de cola de cometa en copas de árboles.
Un sol hecho trizas que se desperdiga en lenguas de fuego.
Tierna arquitectura de tejas antiguas y aleros desvencijados.
Caballos ariscos y solos me miran desde solares de hojas
                                            amarillas.
Las piñas se amontonan bajo los tenderetes de horcones
                                            y paja
con las niñas sonrientes hablando de sus cosas
esperando clientes esquivos y fugaces.

Allá el cerro marcado por las líneas paralelas de los
                                    siembros de pitahaya.
Las hondonadas donde el verde se hunde en brumas
que intentan cubrir, púdicas, la línea de árboles centenarios
alzando desafiantes la cabeza.
Y las palmeras con sus penachos
abandonados al jolgorio de los chocoyos.

Ticuantepe se acomoda sobre la carretera.
El Santiago asoma su caldera humeante
donde se mece hace siglos el magma de catástrofes
que ceden su estertor a la lentitud de las eras geológicas.

El paisaje vierte melodías pastorales que se introducen
                                            silbando
en la profundidad de mi nombre
hasta sosegarme.

Dörflicher Abend

Ein Abend kleiner Orte, den ich durchstreife,
die Seele zum Vogel geworden.
Flügel über dem Grün eines Winters, in dem die Erde
Schönheit multipliziert, wie um das Kleine und Dunkle
                                        zu vergessen
in einem Land, das keine Augen für eigene Üppigkeit hat.
Der Weg ist gezeichnet von roten Malinches,
ein Kometenschweif scheint in Baumkronen zu beben.
Eine Sonne, zerfetzt, verströmt in feurigen Zungen.
Zärtliche Baukunst der alten Ziegel und verfallenden Vordächer.
Pferde, allein und scheu, schauen mich an von den Brachen mit
                                        gelben Blättern.
Ananas gehäuft auf Ständen aus Balken und Stroh,
wo Mädchen kichern, ihre Dinge bereden und
auf unnahbare, flüchtige Kundschaft warten.

Dort der Berg, gezeichnet von den Parallelen der
                                        Agavenpflanzung.
Die Bodenwellen, wo Grün in Dunst versinkt,
der schamvoll die Reihe hundertjähriger Bäume,
die herausfordernd das Haupt heben, verhüllt.
Und die Palmen bleiben mit ihren Helmbuschen
dem Toben der Meisen überlassen.

Ticuantepe schmiegt sich der Landstraße an.
El Santiago zeigt seine rauchende Esse
in der seit Jahrhunderten das Magma der Katastrophen brodelt,
die ihren Schrecken abtreten an die Langsamkeit der
                                        geologischen Zeiten.

Die Landschaft verströmt pastorale Weisen, die pfeifend
in die Tiefe meines Namens dringen
bis ich ruhig bin.

Tarde de pueblos. La vibración de tu existencia en el aire.
El tiempo, sus melancolías y certidumbres.
El cálido aliento de la felicidad.

Dörflicher Abend. Deine Existenz bebt in der Luft.
Die Zeit, ihre Wehmut, ihre Gewissheiten.
Der warme Atem des Glücks.

Verde nostalgia

¿Dónde está el ojo verde
que tras el amanecer
se asomaba a mi ventana
para despertarme con pájaros?

Yo vi más de una vez
nubes pasearse por el interior de mi casa
vi aguas del lago bruñir como plata fundida
                                    o plomo.

Hay un paisaje húmedo
creciendo árboles de copas desaforadas en mi alma.
Me persigue
con el dolor de un paraíso perdido.

Grüne Sehnsucht

Wo ist das grüne Auge
das bei Tagesanbruch
in mein Fenster lugte
mich mit Vögeln zu wecken?

Mehr als einmal sah ich
Wolken durch mein Haus ziehen
sah das Wasser des Sees schimmern wie geschmolzenes Silber
oder Blei.

Es gibt eine feuchte Landschaft
die Bäume mit gewaltigen Kronen in meiner Seele wachsen lässt.
Sie verfolgt mich
im Schmerz um ein verlorenes Paradies.

Rebelión

Alteremos el orden ahora que ya lo conocemos.

Ya lo disfrutamos
suficiente tiempo.

Rebellion

Lasst uns die Ordnung ändern, jetzt, da wir sie kennen.

Genossen haben wir sie
lang genug.

Rabias de la casada fiel

Cuanto odio puede existir en el amor,
cuánto reclamo acomodarse en las repisas de la noche
cual biblioteca de palabras secretas.
He almacenado sin darme cuenta
tus pequeños desprecios
tus sutiles miradas de duda
tus calculadamente parcas
palabras.
Nada me reconocés.
Mi vida entera no es más
que un espejo imperfecto donde mirar tu propia imagen.
Yo no existo. No estoy.
Mi rabia tropieza con silencio;
ese callar que encierra solamente
tu eterno vicio de conmiserarte por vos mismo
cada vez que te pido que me mires.

Die treue Gattin wütet

Wie viel Hass kann in der Liebe liegen,
wie viel Einspruch auf den Borden der Nacht
eine Bibliothek heimlicher Worte.
Unbewusst habe ich
kleine Fälle von Missachtung gespeichert,
den subtilen Zweifel in deinen Blicken,
deine kalkuliert kargen
Worte.
Nichts erkennst du an.
Mein ganzes Leben ist nichts
als ein unvollkommener Spiegel, dein eigenes Bild zu betrachten.
Ich existiere nicht. Bin nicht da.
Meine Wut stößt auf Schweigen;
ein Schweigen, das allein
auf dein ewiges Selbstmitleid weist
sobald ich dich bitte, mich anzusehen.

Writer's block

Las palabras me evaden.
Corren. Huyen de mí.
Sentada frente al ordenador,
Impotente, miro la pantalla como si alguien
                                    compasivo
habitara dentro y pudiese ayudarme.
Por días he navegado ríos de imágenes e ideas
                                    sugerentes
Pienso: Ya la tengo. Ahora sí podré escribir la obra
                        que he esperado de mí.
Pero los dedos vacilan ante las teclas
y la melodía no surge. Agonizo embrocada sobre
                                    la tarde.
Hundo mi cabeza en libros sin poder leerlos.
Como bandadas de palomas asustadas se alzan las
                        palabras cuando me acerco.
Sólo sus alas oigo. Sólo percibo la belleza que las
                                    habita.
Una que otra regresa. Se posa a mis pies. Come alpiste
                        de mi mano.
Las demás me miran amenazantes desde los aleros
o se convierten en hormigas.
Hormigas negras sobre el escritorio,
corriendo,
huyendo de mí.

Writer's block

Die Worte weichen mir aus.
Haben es eilig. Fliehen vor mir.
Vor dem Computer sitzend,
ohnmächtig, schaue ich auf den Bildschirm, als wohne ein
                                        Mitfühlender
dort und könne mir helfen.
Tagelang bin ich über Flüsse von aufreizenden Bildern und
                                        Ideen geschifft.
Ich denke: Jetzt hab ich's. Jetzt endlich kann ich das Werk
                        schreiben, das ich von mir erwarte.
Doch die Finger zögern vor den Tasten
und die Melodie hebt nicht an. In Agonie beuge ich mich über
                                        den Abend.
Ich vergrabe mich in Büchern und kann sie nicht lesen.
Will ich mich nähern, stieben die Wörter auf wie Schwärme
                                aufgescheuchter Tauben.
Nur ihren Flügelschlag hör ich. Nur die Schönheit, die in ihnen
                                wohnt, nehme ich wahr.
Die eine oder andere kehrt zurück. Lässt sich nieder zu meinen
                        Füßen. Pickt Körner aus meiner Hand.
Die anderen schauen mich drohend von Dachfirsten an
oder werden zu Ameisen.
Schwarze Ameisen auf meinem Schreibtisch,
sie haben es eilig,
fliehen vor mir.

Domingo azul en Los Angeles

Domingo azul.
Calles de mi tristeza. El auto doblando la esquina.
Manejar rápido y con música.
La vida. Las curvas. Bajadas y subidas. ¿Todo esto para qué?
¿Para qué la respiración?
¿El cuerpo? Subir y bajar.
La conversación. El recital de Víctor Hernández Cruz.
La tristeza de Cecilia.
Los Angeles extraña. Ciudad extraña. Rostros
                                                desconocidos.
Por el espejo retrovisor, la mujer fumando. Sola.
Como yo. Esta ciudad se aposenta en mis retinas
con sus jardines y sus altos palmares al lado del mar.
Los desposeídos y los que todo lo poseen.
Frágiles los seres humanos. Tan frágiles. Tan solos.
¿Están tristes? O es el Domingo y sus calles vacías?
¿O soy yo acaso y la futilidad que me persigue?
La búsqueda de sentido.
¿Tiene sentido todo esto? ¿Lo ha tenido alguna vez?
La lucha. The struggle. Todos luchando.
El hombre con el rótulo en la esquina:
»I need 100.00 to buy a house
and a car.« Sonriendo.
Riéndose de su propio letrero.
¿Cual es la diferencia entre él y yo?
Yo en mi carro. Sola.
El con su casa portátil. La carretilla del supermercado.
La banca en el parque donde duerme a veces. Solo.
El mesero saliéndose a fumar a la calle. Argentino.
Esta ciudad no tiene patria. Pertenece a los despatriados.
Me gusta por eso. Quizás me guste por eso.
Quizás esa sea su única reivindicación.
Lo único que la salva de los crímenes de la opulencia

Blauer Sonntag in Los Angeles

Blauer Sonntag.
Straßen meiner Traurigkeit. Das Auto biegt um die Ecke.
Schnell fahren, mit Musik.
Das Leben. Die Kurven. Höhen und Tiefen. All das wozu?
Wozu das Atmen?
Der Körper? Hinauf und hinab.
Das Gespräch. Die Lesung von Víctor Hernández Cruz.
Cecilias Traurigkeit.
Fremdes Los Angeles. Fremde Stadt. Unbekannte Gesichter.
Im Rückspiegel die rauchende Frau. Allein.
Wie ich. Diese Stadt lässt sich auf meiner Netzhaut nieder
mit ihren Gärten und ihren hohen Palmenhainen am Meer.
Die Besitzlosen und die, die alles besitzen.
Zerbrechlich sind die Menschen. So zerbrechlich. So allein.
Sind sie traurig? Oder ist es der Sonntag und seine leeren Straßen?
Oder bin ich es vielleicht und die Nichtigkeit, die mich verfolgt?
Die Suche nach dem Sinn. Hat all dies einen Sinn? Hat es ihn
                                        jemals gehabt?
Der Kampf. The struggle. Alle kämpfen sie.
Der Mann mit dem Schild an der Ecke:
»I need 100.00 to buy a house
and a car.« Lächelnd.
Über sein eigenes Plakat lachend.
Was ist der Unterschied zwischen ihm und mir?
Ich in meinem Auto. Allein.
Er und sein fahrbares Haus. Der Einkaufswagen aus dem
                                        Supermarkt.
Die Bank im Park, wo er manchmal schläft. Allein.
Der Kellner tritt zum Rauchen auf die Straße hinaus. Argentinier.
Diese Stadt hat keine Heimat. Sie gehört den Heimatlosen.
Deshalb gefällt sie mir. Vielleicht gefällt sie mir deshalb.
Vielleicht ist das ihr einziger Anspruch.
Das Einzige, was sie vor verbrecherischem Überfluss

y el olvido. Las palmeras. Los bancos de niebla en la
mañana. El olor lejano del mar. Los patinadores sobre
las aceras del malecón. Las muchachas con sus cuerpos hermosos
y dorados.

La playa de los músculos. Venecia. La imitación de la otra.
                                    Canales. Puentes.
Patos corriendo tras las migas al lado del parque.
Desde mi casa veo las montañas de Santa Mónica.
El verde lejano. Las colinas de Beverly Hills. Las montañas
de San Gabriel (crecieron varias pulgadas
en el último terremoto). Mi hija Adriana camina por estas
calles. Va al preescolar en la Calle 4. Está acostumbrada
a ver pasar la gente aprisa, sin detenerse; a las sonrisas
de los transeúntes, al Lincoln Park.
Solo yo parezco no acostumbrarme a las autopistas, al frío
ruido de las cosas y al triste silencio de las gentes.

und Vergessen rettet. Die Palmen. Die Nebelbänke
am Morgen. Der ferne Geruch nach Meer. Die Rollschuhläufer auf
dem Asphalt der Uferpromenade. Die Mädchen mit ihren schönen
goldbraunen Körpern.

Der Muskelstrand. Venice. Venedigs Imitation. Kanäle. Brücken.
Enten, die am anderen Ende des Parks hinter Brotkrumen
herlaufen.
Von meinem Haus aus sehe ich die Berge von Santa Monica.
Das ferne Grün. Die Hügel von Beverly Hills. Die Berge
von San Gabriel (beim letzten Erdbeben wuchsen
sie um mehrere Zoll). Meine Tochter Adriana geht durch diese
Blocks. Sie besucht die Vorschule in der 4. Straße. Sie ist es
gewohnt, hastende Menschen zu sehen, die nicht innehalten;
lächelnde Passanten, den Lincoln Park.
Nur ich scheine mich nicht zu gewöhnen an die Autobahnen,
an den kalten Klang der Dinge und an das traurige Schweigen
der Menschen.

Ciclos

Noche. Oscuridad. La luna como tercera letra del alfabeto. La lluvia ha dejado pulida la negrura. Luces se reflejan como joyas titilando. Hay estrellas allá donde el paisaje se acuesta sobre el horizonte. El cielo ha caído horizontal sobre Managua. El alma se me estruja de azul. Veo un lago de lágrimas desde el valle Ticomo. Los árboles sin luz desaparecen. Se queda ciego el verdor. Se calla. Una rokonola se lamenta a lo lejos. No sé donde empieza su canción y dónde el viento. Mi casa es un barco navegando en las olas del aire. En lo alto del mástil yo vigilo mi silencio interior. Hace días que mi risa anda de viaje. A ratos hasta pienso que mi alma se marchó y que mi cuerpo sigue sus rutinas cotidianas a pura fuerza de la costumbre. El agua cae en la mañana. El pelo chorreando. La ropa. Pero no conozco el rostro del espejo. No le brillan los ojos. Ni canta. Sobre todo no espera. La incansable no aparece en el reflejo del mercurio. Es el cansancio el que me mira. Una extraña mujer con un rictus. ¿Será que la que era se ha marchado para siempre dejándome en el infierno de la desazón? Imagino un viaje al precipicio de la luna, al borde esbelto desde el que se avizoran las heladas planicies jamás calentadas por el sol. Noche. Oscuridad. ¿Qué sacrificar para que vuelva el sol? ¿Habrá que revolver los empolvados catalejos, afinar los lentes para vislumbrar de nuevo visiones amables? Dulce tenacidad ésta de creer en golondrinas que regresan a los balcones. Pero vuelven los pájaros. Los días se repiten. Se extinguen la noche y sus burbujas negras. De nuevo se perfilarán los volcanes frente a mi ventana. Me alzaré chineleando hasta el café y el vivir. Hasta que otra vez la luz se venga a pique y repita mi piel los ciclos del naufragio y la redención.

Zyklen

Nacht. Dunkelheit. Der Mond als dritter Buchstabe des Alphabets. Der Regen hat die Schwärze poliert hinterlassen. Lichter spiegeln sich wie glitzernde Schmuckstücke. Sterne sind dort hinten, wo die Landschaft sich auf den Horizont lehnt. Der Himmel ist waagerecht auf Managua gefallen. Meine Seele wird vom Blau zermalmt. Ich erblicke einen See aus Tränen vom Ticomo-Tal aus. Die lichtlosen Bäume verschwinden. Das Grün erblindet. Verstummt. Eine Jukebox singt klagend in der Ferne. Ich weiß nicht, wo ihr Lied beginnt und wo der Wind. Mein Haus ist ein Schiff, das auf Luftwellen segelt. Hoch auf dem Mast bewache ich meine innere Stille. Seit Tagen ist mein Lachen auf Reisen. Bisweilen denke ich sogar, dass meine Seele mich verlassen hat und mein Körper der täglichen Routine aus reiner Gewohnheit folgt. Der Regen fällt am Morgen. Tropfend das Haar. Die Kleidung. Doch ich kenne das Gesicht im Spiegel nicht. Seine Augen glänzen nicht. Es singt nicht. Vor allem erwartet es nichts. Die Unermüdliche erscheint nicht im quecksilbrigen Widerschein. Es ist die Müdigkeit, die mich betrachtet. Eine fremde Frau mit einem schmerzlichen Lächeln. Ist vielleicht die, die ich war, für immer gegangen, lässt sie mich in der Hölle des Unbehagens zurück? Ich stelle mir eine Reise an den Rand des Mondes vor, an den schmalen Grat, von dem aus man die eisigen, niemals von der Sonne erwärmten Ebenen erspäht. Nacht. Dunkelheit. Was opfern, damit die Sonne wiederkehrt? Muss man die verstaubten Ferngläser umdrehen, die Linsen scharf stellen, um erneut erfreulichen Anblicken entgegenzusehen? Süße Hartnäckigkeit ist es, an Tauben zu glauben, die Balkone erneut anfliegen. Doch die Vögel kommen zurück. Die Tage wiederholen sich. Es erlöschen die Nacht und ihre schwarzen Blasen. Von neuem werden sich die Vulkane vor meinem Fenster abzeichnen. Schlurfend werde ich aufstehen, zum Kaffee und zum Leben hin. Bis das Licht ein weiteres Mal versinkt und meine Haut wieder die Zyklen von Untergang und Erlösung durchlebt.

El alma que no amaina

Asomada a mi garganta
contemplo la selva de mi interioridad
azotada de viento,
erosionada por múltiples inundaciones.

Dicen que el tiempo lima las protuberancias del alma,
igual que el agua de los ríos torna en suave mejilla
el contorno de las piedras.
Que la memoria aprende a ojos cerrados el inmutable
                                    perfil de las riberas
y un día de tantos se llega al final del asombro,
a la intuición certera de lo impredecible.

Pero yo no parezco encontrar certidumbres en la
                                    madurez.
Cuando mis ojos penetran en el follaje del pecho
donde se agazapa mi corazón
las veredas holladas una y otra vez por mis pasos
son como el pasto lleno de tigres de Rousseau.
Humedades, estaciones imprevistas
atizan la floración de selvas inmediatas
y árboles sin experiencia
ingenuos escaladores del cielo
batallan rama a rama por un claro
desde donde asomarse
al lugar que vislumbraron
cuando soñaban germinar.

No presiento en mí el instinto migratorio
apartándome de estos bosques fecundos
donde las experiencias se acumulan cual trozas
olorosas a detritus;
donde la mano del huracán me abate con palmeras

Die Seele streicht die Segel nicht

Über meinen Rachen gebeugt
betrachte ich den Urwald meiner Innerlichkeit,
vom Wind gepeitscht,
erodiert von vielerlei Fluten.

Es heißt, die Zeit schleift die Auswüchse der Seele,
wie das Wasser der Flüsse die Kontur der Steine
zu zarten Wangen wetzt.
Dass die Erinnerung geschlossenen Auges das
                              unwandelbare Profil der Küsten erfasst
und man eines Tages das Ende des Staunens erreicht,
Unvorhersagbares sicher erkennt.

Ich aber scheine keine Gewissheiten in der Reife zu finden.
Wenn meine Augen durch das Laubwerk der Brust
                                                            dringen,
wo mein Herz sich verbirgt,
sind die wieder und wieder beschrittenen Steige
wie das Gras von Rousseau mit Tigern besetzt.
Feuchtigkeiten, unvermutete Jahreszeiten
schüren das Wachstum von jähen Wäldern
und Bäumen ohne Erfahrung,
naive Himmelsteiger
kämpfen sie Ast für Ast um eine Lücke
um den Ort zu erreichen,
den sie erahnten,
als sie vom Keimen träumten.

Ich spüre nicht den Instinkt der Zugvögel in mir,
der mich von diesen fruchtbaren Wäldern fernhielte,
in denen Erfahrungen sich häufen wie Scheite,
die nach Abfall duften;
wo der Arm des Orkans mich mit Palmen niederwirft

y no hay otra manera de enfrentar a los insectos
que la desnudez.

De tiempo en tiempo pienso en terrazas frente al mar
donde sentarme a envejecer
pienso en la visión de las copas de los árboles,
percibida en el silencio.

Pero los tucanes y oropéndolas
el jaguar y el ocelote
lo primitivo y salvaje que ha quedado sin revelar
esgrime su irresistible tentación tras la tersa ilusión
                                        del horizonte.

Viajera en pos de lo profundo e ignoto
mujer con el alma agujereada por los colibríes
desecho la memoria del desván donde guardé escudos y
                                        encantamientos
para proteger esta piel vulnerable al rasguño
y abrazo vociferante y temblando
el huracán, el tornado, la tormenta.

Desde la espesura de mis pulmones
reclamo sin arrepentimientos
la carne viva, las llagas
el ojo sin miedo
de la juventud.

und es gegen Insekten kein Mittel gibt
als Nacktheit.

Von Zeit zu Zeit denke ich an Terrassen am Meer,
auf die ich mich zum Altwerden setze,
denke an die Sicht auf Baumkronen,
in Stille wahrgenommen.

Doch es locken Tukane und Pirole,
Jaguar und Ozelot,
das Primitive und Wilde, das unenthüllt blieb,
eine unwiderstehliche Versuchung hinter der glatten Illusion
des Horizonts.

Reisende auf dem Weg ins innerste Unbekannte,
Frau mit der von Kolibris zerlöcherten Seele,
verwerfe ich die Erinnerung an die Kammer, wo ich Schilde
und Zauberformeln verwahrte,
diese verletzliche Haut vor Kratzern zu schützen,
und umarme schreiend und bebend
den Orkan, den Tornado, das Gewitter.

Aus der Tiefe meiner Lunge
fordere ich ohne Reue
das zuckende Fleisch zurück, die Schwären,
das angstfreie Auge
der Jugend.

Inhalt

Die folgenden Gedichte wurden von Angelica Ammar übersetzt:

Permanencia de los jardines, »Infierno de Cielo«, La Escritora de cara al Milenio, Creación, Gozos cibernéticos, De peligros y peligros, Paisaje lunar, Un mundo sin Hitler, Preguntas, De la sonoridad del eco, Metamorfosis, Retrato de ciudad, Presagios de la lluvia, Rumiando, Secreto de mujer, Caminata matutina, Canción de cuna para un país suelto en llanto, Mensaje al final del Anno 2001, Añoranza de Adriana, Barcos de papel, Depresión, El Siroco, Premoniciones, Adriana, Domingo azul en Los Angeles, Ciclos.

Die folgenden Gedichte wurden von Dagmar Ploetz übersetzt:

Luciérnagas, Oda a un país Güegüense, Oscuridades del amor, Manual para conducir, Afirmación, Sola en Copacabana, Placer del chocolate, Huellas, Contra toda esperanza, Sobre el modo de andar del tiempo, Contestador automático, Lo que amo y desamo, Cuando salga el sol, La Estabilidad, Milagros, Leyenda mora, Carlos, ojalá las hormiguitas no te lo cuenten, Mujer de humo, Rayuela, De los placeres accesibles, Incomunicados, Diferencia de perspectivas, Lamentación inútil, Espejismos de la velocidad, Y el sueño se hizo carne y habitó entre nosotros, Tarde de pueblos, Verde nostalgia, Rebelión, Rabias de la casada fiel, Writer's block, El alma que no amaina.

Gioconda Belli im dtv

»Die große Poetin Nicaraguas, eine der wichtigsten
Stimmen in der Literatur Lateinamerikas.«
Abendzeitung

In der Farbe des Morgens
Gedichte
Übers. v. Dieter Masuhr und
Dagmar Ploetz
ISBN 978-3-423-11565-0

Zauber gegen die Kälte
Erotische Gedichte
Übers. v. Anneliese Schwarzer
ISBN 978-3-423-12577-2

Die Verteidigung des Glücks
Erinnerungen an Liebe
und Krieg
Übers. v. Lutz Kliche
Mit Fotos
ISBN 978-3-423-13015-8

Zwischen Liebe, Widerstand
und Revolution: Gioconda Belli
erzählt ihr abenteuerliches
Leben. – »Die beste Autobio-
graphie, die ich seit Jahren gele-
sen habe. Einfach unvergeß-
lich.« (Salman Rushdie)

**Ich bin Sehnsucht –
verkleidet als Frau**
Gedichte spanisch/deutsch
Übers. v. Angelica Ammar
und Dagmar Ploetz
ISBN 978-3-423-14142-0

Tochter des Vulkans
Roman
Übers. v. Lutz Kliche
ISBN 978-3-423-11678-7

Waslala
Roman
Übers. v. Lutz Kliche
ISBN 978-3-423-20937-3

Faraguas, eine vergessene Welt
am Amazonas. Mit dem ameri-
kanischen Journalisten Raphael
begibt sich die junge Melisandra
auf eine von Leidenschaft und
Abenteuern gezeichnete Reise
ins Innere des Landes. Mit ihm
will sie Waslala finden, den Ort
der ewigen Träume ...

Bewohnte Frau
Roman
Übers. v. Lutz Kliche
ISBN 978-3-423-21011-9

Lavinia führt das unbeschwer-
te Leben einer Frau aus der
Oberschicht. Dann aber ver-
liebt sie sich in Felipe, der mit
der Untergrundbewegung des
Landes zusammenarbeitet ...

**Das Manuskript der
Verführung**
Roman
Übers. v. Elisabeth Müller
ISBN 978-3-423-21036-2

Das Leben der Klosterschüle-
rin Lucía ist recht eintönig – bis
sie den attraktiven Universitäts-
dozenten Manuel kennenlernt.
Er macht ihr ein ungewöhn-
liches Angebot ...

Bitte besuchen Sie uns im Internet: www.dtv.de